思想的・睿智的・獨見的

經典名著文庫

學術評議

丘為君　吳惠林　宋鎮照　林玉体　邱燮友
洪漢鼎　孫效智　秦夢群　高明士　高宣揚
張光宇　張炳陽　陳秀蓉　陳思賢　陳清秀
陳鼓應　曾永義　黃光國　黃光雄　黃昆輝
黃政傑　楊維哲　葉海煙　葉國良　廖達琪
劉滄龍　黎建球　盧美貴　薛化元　謝宗林
簡成熙　顏厥安（以姓氏筆畫排序）

策劃 楊榮川

五南圖書出版公司 印行

經典名著文庫

學術評議者簡介（依姓氏筆畫排序）

- 丘為君　美國俄亥俄州立大學歷史研究所博士
- 吳惠林　美國芝加哥大學經濟系訪問研究、臺灣大學經濟系博士
- 宋鎮照　美國佛羅里達大學社會學博士
- 林玉体　美國愛荷華大學哲學博士
- 邱燮友　國立臺灣師範大學國文研究所文學碩士
- 洪漢鼎　德國杜塞爾多夫大學榮譽博士
- 孫效智　德國慕尼黑哲學院哲學博士
- 秦夢群　美國麥迪遜威斯康辛大學博士
- 高明士　日本東京大學歷史學博士
- 高宣揚　巴黎第一大學哲學系博士
- 張光宇　美國加州大學柏克萊校區語言學博士
- 張炳陽　國立臺灣大學哲學研究所博士
- 陳秀蓉　國立臺灣大學理學院心理學研究所臨床心理學組博士
- 陳思賢　美國約翰霍普金斯大學政治學博士
- 陳清秀　美國喬治城大學訪問研究、臺灣大學法學博士
- 陳鼓應　國立臺灣大學哲學研究所
- 曾永義　國家文學博士、中央研究院院士
- 黃光國　美國夏威夷大學社會心理學博士
- 黃光雄　國家教育學博士
- 黃昆輝　美國北科羅拉多州立大學博士
- 黃政傑　美國麥迪遜威斯康辛大學博士
- 楊維哲　美國普林斯頓大學數學博士
- 葉海煙　私立輔仁大學哲學研究所博士
- 葉國良　國立臺灣大學中文所博士
- 廖達琪　美國密西根大學政治學博士
- 劉滄龍　德國柏林洪堡大學哲學博士
- 黎建球　私立輔仁大學哲學研究所博士
- 盧美貴　國立臺灣師範大學教育學博士
- 薛化元　國立臺灣大學歷史學系博士
- 謝宗林　美國聖路易華盛頓大學經濟研究所博士候選人
- 簡成熙　國立高雄師範大學教育研究所博士
- 顏厥安　德國慕尼黑大學法學博士

經典名著文庫084

兒童成長心理學
兒童的人格形成及其培養

阿爾弗雷德・阿德勒 著
（Alfred Adler）
劉建金 譯

經典永恆・名著常在

五十週年的獻禮・「經典名著文庫」出版緣起

總策劃 楊榮川

五南，五十年了。半個世紀，人生旅程的一大半，我們走過來了。不敢說有多大成就，至少沒有凋零。

五南忝爲學術出版的一員，在大專教材、學術專著、知識讀本出版已逾壹萬參仟種之後，面對著當今圖書界媚俗的追逐、淺碟化的內容以及碎片化的資訊圖景當中，我們思索著：邁向百年的未來歷程裡，我們能爲知識界、文化學術界做些什麼？在速食文化的生態下，有什麼値得讓人雋永品味的？

歷代經典・當今名著，經過時間的洗禮，千錘百鍊，流傳至今，光芒耀人；不僅使我們能領悟前人的智慧，同時也增深我們思考的深度與視野。十九世紀唯意志論開創者叔本華，在其〈論閱讀和書籍〉文中指出：「對任何時代所謂的暢銷書要持謹愼的態度。」他覺得讀書應該精挑細選，把時間用來閱讀那些「古今中外的偉大人物的著作」，閱讀那些「站在人類之巔的著作及享受不朽聲譽的人們的作品」。閱讀就要「讀原著」，是他的體悟。他甚至認爲，閱讀經典原著，勝過於親炙教誨。他說：

「一個人的著作是這個人的思想菁華。所以，儘管一個人具有偉大的思想能力，但閱讀這個人的著作總會比與這個人的交往獲得更多的內容。就最重要的方面而言，閱讀這些著作的確可以取代，甚至遠遠超過與這個人的近身交往。」

爲什麼？原因正在於這些著作正是他思想的完整呈現，是他所有的思考、研究和學習的結果；而與這個人的交往卻是片斷的、支離的、隨機的。何況，想與之交談，如今時空，只能徒呼負負，空留神往而已。

三十歲就當芝加哥大學校長、四十六歲榮任名譽校長的赫欽斯（Robert M. Hutchins, 1899-1977），是力倡人文教育的大師。「教育要教眞理」，是其名言，強調「經典就是人文教育最佳的方式」。他認爲：

「西方學術思想傳遞下來的永恆學識，即那些不因時代變遷而有所減損其價值的古代經典及現代名著，乃是眞正的文化菁華所在。」

這些經典在一定程度上代表西方文明發展的軌跡，故而他爲大學擬訂了從柏拉圖的《理想國》，以至愛因斯坦的《相對論》，構成著名的「大學百本經典名著課程」。成爲大學通識教育課程的典範。

歷代經典．當今名著，超越了時空，價值永恆。五南跟業界一樣，過去已偶有引進，但都未系統化的完整舖陳。我們決心投入巨資，有計畫的系統梳選，成立「經典名著文庫」，希望收入古今中外思想性的、充滿睿智與獨見的經典、名著，包括：

- 歷經千百年的時間洗禮，依然耀明的著作。遠溯二千三百年前，亞里斯多德的《尼各馬科倫理學》、柏拉圖的《理想國》，還有奧古斯丁的《懺悔錄》。
- 聲震寰宇、澤流遐裔的著作。西方哲學不用說，東方哲學中，我國的孔孟、老莊哲學，古印度毗耶娑（Vyāsa）的《薄伽梵歌》、日本鈴木大拙的《禪與心理分析》，都不缺漏。
- 成就一家之言，獨領風騷之名著。諸如伽森狄（Pierre Gassendi）與笛卡兒論戰的《對笛卡兒沉思錄的詰難》、達爾文（Darwin）的《物種起源》、米塞斯（Mises）的《人的行爲》，以至當今印度獲得諾貝爾經濟學獎阿馬蒂亞·森（Amartya Sen）的《貧困與饑荒》，及法國當代的哲學家及漢學家余蓮（François Jullien）的《功效論》。

梳選的書目已超過七百種，初期計劃首爲三百種。先從思想性的經典開始，漸次及於專業性的論著。「江山代有才人出，各領風騷數百年」，這是一項理想性的、永續性的巨大出版工程。不在意讀者的眾寡，只考慮它的學術價值，力求完整展現先哲思想的軌跡。雖然不符合商業經營模式的考量，但只要能爲知識界開啓一片智慧之窗，營造一座百花綻放的世界文明公園，任君遨遊、取菁吸蜜、嘉惠學子，於願足矣！

最後，要感謝學界的支持與熱心參與。擔任「學術評議」的專家，義務的提供建言；各書「導讀」的撰寫者，不計代價地導引讀者進入堂奧；而著譯者日以繼夜，伏案疾書，更是辛苦，感謝你們。也期待熱心文化傳承的智者參與耕耘，共同經營這座「世界文明公園」。如能得到廣大讀者的共鳴與滋潤，那麼經典永恆，名著常在。就不是夢想了！

二〇一七年八月一日 於

五南圖書出版公司

導讀——論早期家庭教育的重要性

國立臺灣師範大學教育心理與輔導學系副教授 陳秀蓉

《兒童成長心理學》（The Children's Personality Formation and Cultivation）（Adler, 1930）一書爲影響兒童心理發展與教育深遠之專論型著作之一。作者阿德勒（Alfred Adler）（1870-1937）爲精神分析一個體心理學創始人、人本主義心理學的拓荒者及社會教育者。重要的概念，如：虛構目的論、自卑感、追求優越、社會興趣、生活風格、創造性自我等，並發現成人的性格深受早年父母教育的影響。他的理論觀點對後來西方心理學的影響甚鉅，包括：榮格、新佛洛伊德學派、羅洛梅、羅傑斯、甚至馬斯洛等之理論。阿德勒認爲人從嬰兒期開始就努力爲追求目標、追求優越，這目標雖在無意識中形成，但時刻都影響生活中的行爲，如此漸漸形成一種生活模式，甚至影響我們的思想。所以我們的思想不是對世界客觀的反映，而是反映我們形成目標與生活方式的關聯，因此，每個人的生活模式不同，主觀目標也不完全相同。阿德勒主張研究心理過程需以每個人的特殊心理經驗爲對象，故他的理論被稱爲「個體心理學」。

馬斯洛曾說：「阿德勒的觀點對我而言，經年累月越發覺得它的正確性，更多強有力的論證支持他對人的意象看法，像是被寵溺的生活型態，一種病理性的價值……形成人們無理的要求……像是被寵壞的小孩。」他的許多觀點對後來西方心理學取向都帶來一定的影響，甚至做為科學探究的理論與研究方法的基礎。而一九七〇年阿德勒百歲冥誕時，人本心理學者Matson就提到阿德勒傳世引領個人心理學本的六個重要觀點：創造的力量、擬人（目的）的模式（anthropomorphic model）、目的論、主體性、心理治療即是善的人際關係，提醒了心理治療需看重人能主動選擇目標，擁有朝向未來成長的動力，到今天又過了五十年，我們仍受其觀點的影響。

阿德勒為奧地利人，一八七〇年生於維也納，為中產猶太家庭小孩，生活小康，家中有兩位姐姐，六個男孩，男孩中他排行老二。他從小有佝僂病，三歲時睡在身旁的弟弟去世，五歲時得了肺炎，雖然早期成長過程中很辛苦，但因父親的鼓勵：「你必須不要相信任何你相信的事」，讓他很早就決定要當一位醫生，為自己發展勇氣突破困境，後來因此提出有名的器官自卑是人追求行動來源的觀點。小時候他居住區域有來自不同背景的鄰居，他花許多時間與這些小孩打鬧玩樂，不論是猶太或非猶太、中產或低社經的孩子，這也造就了他覺得兒童期人格的社會情感面，是重要生命史的一個根基。一八九五年如願進入維也納大學取得醫學博士學位，初爲眼科、內科醫師，後轉爲精神科。一九〇二年因爲讀了佛洛伊德夢的解析深受影響，參加佛洛伊德所主持的週三心理學會，與佛洛伊德有九年的交集，一九一〇年還擔任維也納精神分析學會的主席，當時提出自卑概念，因與佛洛伊德戀母情結、性心理的學說漸有衝突，便於一九一一年離開佛洛伊德；之後組自由精神分析學家聯誼會，開始走向個體心理學之路。

一九一二年阿德勒發表論文〈神經質性格〉，第一次世界大戰期間擔任奧國軍隊軍醫，戰後對兒童輔導產生興趣。一九一九年他建立「學校心理衛生中心」，是維也納學校制度中第一所輔導診療中心，一九二六年將個體心理學介紹到美國，一九二七年出版《個體心理學的理論與實務》，可一窺阿德勒人格學說，及錯誤生活型態與早期錯誤認知信念的觀點，爲認知取向的先驅，同年成爲哥倫比亞大學客座教授，開課注重成長期兒童經歷的重要性，其中「早期記憶」是影響一個人的重要心理狀態。而《兒童成長心理學》這本書則在一九三〇年出版，在一九三一年身體力行在維也納創立第一個個體心理學實驗學校。一九三五年定居美國，成爲開業精神科醫師。之後他生命中重要的目標是宣傳兒童成長的教育理念，一九三七年受聘赴歐洲講學，由於過度勞累心臟病突發，逝世於蘇格蘭亞伯丁市的街道上，享年六十七歲。

阿德勒一生行事相當獨立、積極，也主動對政治與政府部門倡議，開創新局引導改革，他一生看重平權、注重出生序、生活型態及全人發展，相信一個人都有基本向上追求目標意義的動力。阿德勒在一百年前——一九一九年前瞻性地看見父母教養的議題，他積極在歐美成立三十多所學校心理衛生中心，希望以兒童發展與人格成長的角度，給予各中心兒童心理治療的指導，以個案研究記錄了心理治療的成果。阿德勒談治療還注重預防，重視人格養成的兒童時期，也注重此期各種心理沉疴的特性，評鑑不同神經症狀況（neurotic conditions）與家庭中特殊訓練孩子息息相關，例如：快樂家庭帶出快樂成長，那憂鬱家庭可能影響孩子的憂鬱狀況。阿德勒認爲理想樂觀的孩子發展之責任，父母固然重要，但老師或社會亦扮演重要角色，層層共築的綿密網絡，應負起培養社會興趣的責任，這樣才能積極幫助孩子成長與學習。因此，也開始推動社會教育。上述理念與實踐影響世人甚鉅，他的兩個孩子也繼承衣缽（Alexandra Adler & Kurt Adler）。而當今阿德勒社群仍相當的活躍，在美國、紐約、芝加哥、洛杉磯都有相關機構。

《兒童成長心理學》這本書在當時代，主要爲讓家長與教師知道如何幫助兒童創造一個正常、健康的環境與方式。阿德勒看見兒童在家長教養下，有許多不當的行爲，但大家都歸咎爲兒童本身的問題，當時教育重體罰，想要用常規、標準去要求孩子，不能站在兒童爲中心的角度去發現兒童眞正的困擾。阿德勒解構傳統的教養觀，揭示以兒童爲本的環境與成人適當引導，雙軌中培養兒童社會性健全人格，降低兒童問題的困擾，強調兒童問題是可預防與介入的。書中有許多例子，鮮活說明這些理念，是一本易讀的專業書籍。書中強調環境造成兒童的自卑，如何提供安全生活環境，其中就是理解兒童發展社會情感（興趣）的特性，並協助他們進入新環境的準備，像是入學準備的知識，學校充當家庭與現實世界的橋梁，一旦家庭教養失職，兒童入學時，學校就是像是螢幕顯示器，立即反照出孩子的問題，父母的重新教育、學校引導社會興趣、看重自我、追求優越，才能有機會讓孩子駐足成長。

本書在歐洲、美國許多國家都帶來革命性的影響，臺灣教育非常缺乏家庭與學校教育的合作，小孩的學習失敗可能是心理的失敗，與自卑、無法超越取得優勢有關，家庭早期的影響，教育環境設計不良，使得兒童追求成功的取徑變得困難，這樣亦阻礙了個體的社會關係與人格的養成。本書教導家長與教師，理解兒童、覺察兒童問題、提供適宜的教育。想一想：「世界上沒有問題兒童，只有缺乏正確引導的生活失敗者」、「體罰沒有用，孩子喜歡被表揚，受表揚時總是全神貫注，但他可能不知道如何以正確的行爲方式獲得那個注目」、「我們應該給予所有孩子更多勇氣與自信，以促進屬於他們的智力發展」，這些觀點應用在今日都是很棒的理念，要懂教育兒童的心理學，本書正是一本洞見觀瞻，指引應用的書，除了對兒童心理治療的貢獻外，我想對現在家長的親職教育、對教師的輔導指引，對青年了解成長，都有很大的幫助，雖然出版至今已有近九十年，相信好書流傳歷久彌新。

目次

第一章

引言

從心理學的角度來看，成人的教育問題實質上是不斷認識自我並理性引導自我的問題。兒童的教育可能也可以這樣進行，但有一點卻很不一樣：由於兒童不夠成熟，指引（對於成人而言不可能完全或缺）具有極其關鍵的作用。如果我們希望，也可以允許兒童按其自身節奏發展；如果他們有充足的時間，如兩萬年，加上非常有利的環境，他們最終也能達到文明社會成人的標準。很顯然，這個方法不具可行性，因此，成人必須關注如何在兒童的發展過程中給予指引。

指引兒童的過程中最大的困難在於成人的無知。成人對自我的認知尚不充足，對引起自我情感和情緒的原因及自身喜好也不甚明瞭。簡而言之，成人對其自身心理還不甚了解。因此，要他們去理解兒童，並以恰當的知識引導兒童，無異於瞎子摸象——難上加難。

個體心理學特別關注兒童心理，既關注兒童心理本身，也關注兒童心理研究給成人性格和行為特徵研究帶來的啓示。與其他心理學方法不同的是，個體心理學注重理論與實踐的合一，堅決主張人格的統一性，致力於研究人格發展及其表現形式的動態過程。這樣來看，可以說，知識已經是一種實踐的智慧，因為這些知識來自實踐中的錯誤，無論誰擁有這些知識（心理學家、父母、朋友或個體本人），都會立刻知曉如何運用這些知識來引導相關的人格發展。

由於這個研究方法，個體心理學的所有原則構成了一個有機的整體。因爲個體心理學把個體行爲看成是由人格整體所驅動和指引的，所以個體心理學對個體行爲的任何解釋都反映了同一相互關係，這個相互關係體現在一系列的精神活動之中。因此，在引言中，我們將從總體上介紹個體心理學的觀點，在之後的章節裡再詳細闡釋這裡提及的各種相互關聯的問題。

人類發展的基本事實是：我們的精神總是在一定目標的指引下不斷努力和前進的。從嬰兒時期開始，直到兒童不斷努力，以求發展，這種努力是由追求偉大、完美、優越這個目標所推動的；這個目標雖然是在無意識中形成的，但卻無時無刻的產生影響。當然，由這種目標所推動的努力反映了人類特有的思維能力和想像能力，這種努力會影響我們一生中所有的具體行爲，甚至會影響我們的思想，因爲我們的思想並不是對世界的客觀反映，它會與我們已經形成的目標和生活方式相互關聯。

每一個個體的存在都肯定有統一的人格。每一個個體既表現了統一的人格，也以獨特的方式塑造這個人格。因此，個體既是藝術作品本身，也是創造藝術作品的藝術家。個體是其自身人格的創造者，但這個創造者既不是純熟幹練的工人，也不是對自身身體和靈魂有完整理解的人；相反，他是極度脆弱、極易失敗、不盡完美的人。

在考察人格建構時，我們必須留意這個過程中一個主要的不足之處：人格統一體。包括它特有的方式和目標，都不是建立在客觀事實的基礎之上，而是建立在個體對生活事實的主觀解讀的基礎之上。觀念，即關於事實的看法，從來都不是事實本身；正因如此，生活在同樣客觀世界中的人會以不同的方式塑造自己。每個人都是根據自己對事實的理解來建構自己的，有些人的理解更爲合理，有些人的理解則不那麼合理。在個體發展過程中，我們必須時時面對和處理個體理解所帶來的錯誤和偏差，特別是在童年早期形成的錯誤觀念，因爲這些錯誤觀念會嚴重影響我們成長之後的生活方式。

我們用一個具體的臨床案例來說明這個情況。一位五十二歲的女士，總是對比她年紀大的女人嗤之以鼻。她說，當她還很小的時候，總是感覺很丟臉，覺得自己不如別人，因爲她有一個姐姐，總是能吸引所有人的注意力。這裡，我們可以透過個體心理學的「縱向」觀點看到這位女士現在（生命的晚年）和過去（生命的早期）有相同的心理機制和心理動力。她一直都擔心自己不受重視，發現別人更受歡迎或更被喜愛時會感到憤怒和煩惱。即使我們對這位女士生活的其他方面或其特有的人格整體一無所知，也基本上可以從這兩個事實推理出其他未知的部分。在這方面，心理學家有點類似於小說家。小說家必須根據一定的行動路線、生活方式或行爲模式創造出故事人物，這些人物給人留下的印象必須具有人格特徵。好的心理學家能預測這位女士在一定情境中的行爲，能清楚地描述伴隨其人格所特有的「生命線」的特點。

這種努力或達成目標的活動促使個體建構人格；但這也蘊含了另外一個心理事實——自卑感。所有兒童都具有一些自卑感，這種自卑感激發了兒童的創造力，促使他們採取行動來改善自己當前的處境，以消除自卑感。對當前處境的改善會降低自卑感。從心理學的觀點來看，這也許可以理解爲一種心理補償。

而自卑感和心理補償機制的重要特點是使個體犯錯誤的可能性大大增加。自卑感有可能促使個體取得實際的成功，但也可能只導致純粹的心理調適，使個體和現實目標的距離愈來愈遠。或者，自卑感有可能過於強烈，只有形成心理補償特性才能克服或消除這種自卑感；但這最終可能完全沒有辦法克服當下的處境，而只是成爲一種必不可少的心理需要。

例如：有三類兒童非常清楚地顯示出了這種心理補償特質的形成和發展。第一類是天生身體虛弱或生理有缺陷的兒童；第二類是受到成人嚴厲管教、缺乏關愛的兒童；第三類是被溺愛的兒童。

可以說，這三類兒童代表了三種基本的情況，透過這三種情況，我們就可能研究和理解正常兒童的發展。當然，並不是所有兒童都天生具有殘疾，但令人吃驚的是，很多兒童在不同程度上表現出和某些生理或器官有缺陷的兒童所具有的心理特徵，這些典型的心理特徵可以透過對殘疾兒童的極端案例進行研究。幾乎所有兒童都在某種程度上可以歸入被溺愛的兒童或因嚴厲管教而心懷怨恨的兒童，或兼具兩類兒童的特徵。

這三種基本的情況都會使人產生一種不滿足感和自卑感，從而使人產生超越人類可能性範圍的雄心或野心。自卑感和力爭優越是人類生活同一基本事實的兩個階段，因而是彼此依賴、不可分離的。在病態的情境中，我們很難分辨危害最大的到底是過度自卑還是過分力爭上游。兩者在一定意義上是一段樂章中的不同節奏。我們發現，有些兒童因爲極度的自卑而產生了不切實際的雄心壯志，他們的靈魂似乎已經中毒——永不滿足。因爲這種不滿足來自不切實際的雄心壯志，因此並不會使兒童做出有效的行動，反而會讓他們一事無成。這種雄心有可能扭曲成一種性格特徵和個人習性，就如永久的刺激物，使得個體對於外界過度敏感，時時刻刻保持警戒，以免自己受到傷害或欺騙。

這種性質的人格（在個體心理學的發展歷程中這種案例比比皆是）使個體無法眞正展現其潛在的能力，會使人變得「神經質」或怪異無常。如果情況較嚴重，這些人會變得毫無責任感、容易犯罪的人，因爲他們只關注自己，而對他人漠不關心。無論在道德上還是心理上，他們的自我都變得非常絕對，拒絕任何形式的約束和限制。我們發現，他們有些會逃避現實和客觀事實，在想像中爲自己構建一個全新的世界。他們把白日夢和荒謬的想像當成現實世界，最終爲自己創造了心靈的平和。透過建構心理現實，他們解決了現實與理想的差距和矛盾。

在這個發展過程中，心理學家和父母最需要關注的標準是，兒童或個體所表現出來的社會情感（social feeling）的程度。社會情感是正常發展過程中的關鍵性和決定性因素。任何減少或降低社會情感或共同感的干擾因素，都可能對兒童的精神發展產生巨大的不利影響。可以說，社會情感是兒童發展正常與否的關鍵。

正是以社會情感爲中心，個體心理學形成了自己的教學方法和技能。父母或其他看護者一定不能讓兒童只依戀某一個人，如果允許這種情況發生，兒童就無法準備好將來的生活，或準備不充分。

發現兒童社會情感程度的最好方法之一是觀察他進入學校時的表現。進入學校後，兒童會遭遇最早及最嚴厲的考驗之一。對於兒童來說，學校是全新的情境，因此，進入學校能檢驗兒童爲應對新情境進行了怎樣的準備，特別是面對陌生人的準備。

正因爲人們普遍不知道如何引導兒童適應學校裡的新生活，很多成人在回憶起他們上學的日子時覺得那是惡夢般的歲月。當然，如果學校管理恰當，經常能彌補早年家庭養育中的不足。理想的學校應該是家庭和更廣的現實世界之間的緩衝，學校不應僅僅傳授書本知識，還應教給兒童如何生活的知識。但是，理想的學校還在形成之中，能否依賴學校來彌補家庭教育的缺陷還是一個未知數，因此，我們還是應該從家庭教育著手來解決這個問題。

正因爲我們的學校還不是理想的環境，在分析家庭教養時，它可能成爲家庭教育是否成功的參考。在家庭中沒有學會如何與他人接觸和相處的兒童，進入學校時會與環境格格不入，因而被別人認爲是怪異的。隨著時間的流逝，這個情況會變得愈來愈嚴重，並會因此阻礙兒童的正常發展，使他們成爲行爲問題兒童。在這種情況下，人們都會責備學校教育不力，但事實上學校只是使家庭教養中潛在的問題顯露出來而已。

對於個體心理學而言，行爲問題兒童能否在學校取得進步一直沒有定論。但我們可以肯定的是，兒童開始在學業上的失敗是一個危險的訊號。與其說這個危險訊號顯示的是學業上的挫敗，還不如說是心理上的挫敗。這意味著兒童開始對自己失去信心，他們開始變得沮喪，逃避有益的、正常的活動，總是尋求其他能獲得自由和滿足自我的方式。他不再按社會設計的方式發展，而是以自己的方式來獲得優越感，以補償其自卑感。這些方式往往能使個體快速獲得心理上的成功和滿足，對於受挫的個體具有巨大的吸引力。當人們不再遵守已確立的社會習俗，而是拋開社會責任和道德責任、破壞社會規則時，往往比遵循現有的社會規則更容易顯示出與眾不同的自我，並獲得征服的快感。但不管個體表現出來的行爲有多麼的大膽和勇敢，如果他是透過這些方式來獲得優越感，通常表明其內在是懦弱和脆弱的。這些人往往只嘗試做自己有把握獲得成功的事情，以充分展現其優越性。

我們看到，犯罪分子雖然表面上看起來殘暴無比，但在內心卻是懦弱膽小的。同樣，我們也能看到，在不那麼危險的情境中，兒童的各種小動作會暴露出他們的脆弱感。我們經常看到有些兒童（有些成人也是如此）總是站不直，喜歡靠著東西。在傳統的兒童教育中，人們只關注動作或行爲本身，而不關注其背後的情境和原因。人們習慣於對這些兒童說：「不要總是靠著東西。」事實上，這裡關鍵的問題不是兒童靠著東西這個動作，而是他總需要有東西來支援他的心理需求。透過懲罰或獎勵，人們很容易就能使這些兒童放棄倚靠東西這個脆弱的表現，但他們需要有東西來提供支援的這個需求並沒有因此得到滿足，這個心理疾病還在繼續發展。好的教育者能理解這類兒童，對他們充滿同情，能讀懂兒童外在表現背後所隱藏的心理疾病，因而能有效根除這個疾病。

從單一的表現中，我們往往能推斷出個體的許多特質或特徵。在上面提到例子中，從兒童總喜歡靠著東西的表現，我們馬上就能推斷出這些兒童具有焦慮和依賴的性格特徵。透過與其他我們熟知的案例作比較，就能重新構建出這種人格。簡而言之，我們必須面對一個被寵壞的孩子。

我們現在討論另外一類性格特徵的兒童——缺乏關愛的兒童。研究歷史上罪大惡極的人的生平和自傳，就可以發現這類兒童的特徵，不過是以極端的形式表現出來。所有這些人的故事最突出的特徵是他們在兒童時期都遭受過虐待，他們因此形成了強硬的性格，喜歡嫉妒和憎恨別人，不能忍受別人的快樂。然而，這類嫉妒的人不一定是純粹的壞蛋，在一些被認爲是正常的人當中也有這類好嫉妒的人。當這些人管教孩子時，他們不能容忍孩子比自己的童年快樂，在父母和其他兒童監護人之中我們都發現了這個情況。

持有這個觀點和思想的人並非有意爲難孩子，這只是反映了曾經遭受不良教養的人的心理狀況。這些人能說出一大對理由和名言來證明自己的觀點，如「不打不成器」。他們提供的無數理由和事例並不能使我們信服，因爲這種教育使兒童遠離教育者，這個簡單的事實足以證明他們以嚴格的、強調權威的教育方式是徒勞無益的。

透過考察各種症狀及它們之間的關係，並經過一定的實踐，心理學家能組織建立一個系統，借助這個系統，有可能揭示個體隱藏的心理過程。雖然這個系統考察的每一個點都反映了個體完整人格的一部分，但只有在每一個考察的點都表明同一人格特徵時，我們才會滿足於現有結果，停止進一步的考察。因此，個體心理學不但是一門藝術，也是一門科學。我們要特別強調，個體心理學的這個推理機制和概念系統不能僵硬、刻板地應用到個體身上。在所有的調查研究中，最重要的是考察個體本身，絕不能從一兩種表現形式中得出普遍性結論；相反，我們必須尋找一切可能的支援性證據。只有當我們能證實我們的暫時性假設，如能在個體的其他行爲表現中也發現固執和氣餒的特徵，我們才能肯定固執和氣餒是其整體人格組成的一部分。

把外在行爲與人格整體聯繫起來時，我們必須銘記：被考察的對象並沒有意識到其自身行爲表現方式與人格之間的關聯，因而不可能隱藏眞實的自我。我們從被考察對象的行動中了解其人格，即透過對一定情境中個體行爲的解讀來理解人格，而不應透過個體的語言及其對自身的看法來了解。這並不是說病人會特意跟我們撒謊，而是因爲正如我們已經知道的，人們有意識的思想和無意識的動機之間存在巨大的差異，而彌合兩者差異的最佳人選是沒有直接利益關係而又充滿同理心的局外人。無論是心理學家還是教師或父母，這個局外人必須學會以客觀事實爲基礎，並把人格看成是個體爲實現一定目的（但或多或少是無意識的）而努力奮鬥的表達形式。

因此，個體對於有關個體和社會生活的三個基本問題的態度，比其他事物更能展現其眞實的自我。第一個問題是社會關係問題。這個問題我們在比較現實的個體性和客觀性時已經討論過。但社會關係同時也表現爲某些特定的任務，如交朋友、和人友好相處等等。個體是如何解決這個問題的？他對這個問題是如何回答的？當一個人說友誼問題和社會關係問題與他毫無關係、他不必對此類問題作出回答時，冷漠其實就是他對這個問題的回答。毫無疑問，從這個回答我們可以推導出他人格的發展趨勢和內在構成。況且，社會關係不僅僅是指交朋友或與人際相處的具體行爲，它還包括諸如友誼、信任和忠誠等抽象的品質，個體對社會關係問題的回答表明了個體對所有這些品質的看法。

第二個重要的問題是關於個體想要如何生存的問題，即他想以何種職業來謀生。如果說社會關係的問題是由多個自我的存在決定的，是由「我——你」的關係決定的，那麼第二個問題可以說是由「人——地球」這個基本關係決定的。如果世界只有一個人，這個人與地球就是相互關聯的。他想從地球上得到什麼？社會問題的解決是「我——你」雙邊關係的問題；同樣，職業問題的解決也並不是單方面的、個人的事情，而是事關人與自然的關係問題。在這個雙向關係中，並不是完全由人一方說了算。能否成功並不取決於我們個人的意願，而與客觀事實息息相關。正因如此，個體對職業問題的回答及其態度，能基本上揭示其人格及對生命的態度。

第三個基本問題的提出是基於人類存在兩種性別這個事實。同樣，對這個問題的解決也不是個人的、主觀的事情，而必須依據兩性關係內在的、客觀的邏輯來解決。我對異性的態度是什麼？對這個問題的典型錯誤觀念是認爲兩性關係是個人問題。事實上，只有全面地、仔細地考慮有關兩性關係的問題，才有可能得出解決這個問題的正確答案。況且，我們可以合理推斷，任何對愛情與婚姻問題正確解決方式都表明了其人格中存在的錯誤和偏差。同時，這些內在的人格偏差能詮釋爲什麼對兩性關係錯誤的解決方式，可能帶來眾多不良的後果。

因此，透過考察個體回答這三個基本問題的方式，我們就可以發現他們一般的生活方式和特定的人生目標。這個目標無所不在、無所不能。它決定了一個人的生活方式並反映在個體的行爲之中。因此，如果這個目標促使我們成爲友善之人，使我們的生活具有積極意義，那這個目標對個體如何解決這三個基本問題的影響是不言而喻的。所有的解決方法都會具有建設性意義，個體也會參與建設性的、有意義的活動，從而獲得幸福感、價值感、力量感。如果目標是相反的，即目標是導向自私的、無意義的生活，個體將無法解決這三個基本問題，也無法從妥善解決問題的過程中獲得快樂和幸福。

這三個基本問題是密切相關的，這種密切關係因以下這事實而更爲強烈和明顯：在社會生活中，由這些基本問題引發的具體任務只有在社會或共同體背景下才能得到妥善的解決，或者說，只有在社會情感的基礎上才能妥善解決這些問題。這些任務從很早的時候就開始了：當我們的感官因社會生活的刺激而發展的時候，在看、說、聽的過程中，在與我們的兄弟姐妹、父母、親戚、熟人、同伴、朋友和老師的關係中，這些任務就開始了。這些任務以同樣的方式貫穿我們的一生，因此，逃避與同伴社會接觸的個體便會處於迷茫之中。

因此，個體心理學堅決主張對社會和社區有意義的才是「正確的」，對社會標準的每一次偏離都背叛了「正確」的本義，並導致「正確」與客觀規律和現實客觀必然性之間的衝突。這種衝突首先就會使犯錯的個體產生無價值感，也會導致那些受到侵犯的他人更爲猛烈的報復和攻擊。最後，每個人都有意或無意地具有一種內在的社會崇高目標，偏離社會標準違反了人的這種天性。

由於個體心理學嚴格地以社會情感作爲個體發展的檢驗標準，因而很容易理解和評估所有孩子的生活方式。因爲只要兒童面臨某種生活問題，就如進行體檢一樣，他就會暴露他是否做好了「正確」的準備。或者說，他就會展現他是否具有社會情感，是否具有勇氣、理解力，總的來說，是否具有有意義的目標。那麼，我們需要探究的是他努力奮鬥的形式和節奏、自卑感的程度及社會意識的強烈程度。所有這些事物都是密切相關、相互滲透的，因而形成一個有機的、不易破壞的整體。除非我們發現這個整體建構的錯誤之處，並重新建構一個整體，否則，這個整體是牢不可破的存在。

第二章

人格的統一性

兒童的精神生活是精彩無比的，我們觸碰到的每一處都令人著迷。其中最令人驚歎的也許是這個事實：要理解兒童生活中的某個單一事件，我們必須了解其生活的全部。每一個行爲和動作似乎都是兒童生活和人格的一種表達，不了解隱藏於背後的兒童生活和人格的整體，我們就無法準確理解單個的事件和行爲。我們將這種現象稱爲人格的統一性。

人格統一性的發展（即把行爲和表現整合成統一的模式）從很早就開始了。生活要求兒童用統一的模式對外界刺激作出回應，這種統一的模式不但構成了兒童性格的重要部分，也使得行爲個體化，從而與其他兒童類似的行爲區分開來。

大多數心理學流派都忽略了人格統一性的事實；或者，即便沒有完全忽略它，也沒有給予它應有的重視。結果，我們經常發現，在心理學理論或精神病治療技巧中，人們把某一特定動作或表現單獨拿出來研究，似乎它是獨立的實體。這些單個動作或表現有時被稱爲情結（complex），這個做法的前提假設是人們有可能把單個動作從個體的其他活動中分離出來，但這種分離是荒謬的，就如同把一個音符從整首樂曲中分離出來，然後嘗試脫離組成樂曲的其他音符來理解這個音符的意義。不幸的是，這個分離過程雖然很有問題，卻被廣爲傳播和應用。

個體心理學必須堅決反對這個錯誤做法，這個做法對於兒童教育尤爲有害，我們以懲罰兒童爲例來說明這種危害。當兒童做了一些招致懲罰的事情時，一般會發生什麼呢？確實，基本上，人們一般會考慮兒童的性格，但這經常會成爲正確處理問題的不利因素，而不是有利因素。因爲教師或父母對重複犯錯的兒童容易存在偏見，認爲他們屢教不改，因而加重處罰。而在懲罰偶爾犯錯的兒童時，人們會考慮他平時的表現，給予其不那麼嚴厲的懲罰。然而，這兩種情況都沒有找到問題的眞正根源，因爲我們沒有在理解兒童人格整體的基礎上來處理問題。我們正試圖把音符從樂曲整體中分離出來，並嘗試去理解它的意義。

當我們問兒童他爲什麼懶惰時，我們不能期望他了解最本質的關係（這是我們想知道的），也不能期望他告訴我們撒謊的原因。蘇格拉底對人性有著深刻的見解，他在幾千年前就告訴我們：「認識自己太難了！」這個問題即使對於心理學家也是很難的，既然這樣，我們又怎麼能要求兒童回答這麼複雜的問題呢！要想了解個體表達的意義，我們就必須理解其人格的統一性。這並不意味著要描述他做了什麼、怎麼做的，而是要了解兒童面臨任務時所持有的態度。

下面這個案例能說明了解兒童的整體生活有多麼重要。一位十三歲的男孩，他有一個妹妹。五年以前，他是家裡唯一的孩子，享受著家人所有的照顧。後來，妹妹出生了。以前家裡所有人都會盡力滿足他的一切願望，母親毫無疑問的很寵愛他。因爲爸爸是一位軍人，經常不在家，很自然，這個男孩和媽媽很親。男孩依賴性很強，也很固執，而媽媽性情溫和、善解人意，總是盡量滿足男孩的一切願望，即使有些願望稀奇古怪、不合常理。但是，男孩有時會做出粗野的、威脅性的行爲，這令媽媽非常煩惱。媽媽和兒子的關係變得有點緊張，主要表現是男孩總是試圖欺壓媽媽，如命令她做這做那，嘲笑她。總而言之，只要有機會，無論何時何地，他都會以令人討厭的方式使自己處於被關注的中心。

媽媽對兒子的行爲感到非常苦惱。但除此之外男孩並無其他特別壞的表現，她妥協了，還是幫助他整理衣物、給他輔導功課。因此，男孩充分相信，不管他陷入什麼麻煩，媽媽總是會幫助他渡過難關的。毫無疑問，他很聰明，也和其他大多數孩子一樣接受了良好的教育。八歲之前，他在學校的表現也不錯。但他八歲那年，妹妹出生了，家庭環境發生了巨大的轉變，使得他與父母的關係變得糟糕。他完全自暴自棄，對衛生習慣也毫不在乎，甚至大小便都無法自控，這使媽媽抓狂。當媽媽沒有滿足他的願望時，他就會撕扯媽媽的頭髮。他總是掐媽媽的耳朵或抓她的手，不讓她有片刻安寧。他一直以這樣的方式與人相處，當妹妹長大一點，他又把這個行爲模式更多地用到妹妹身上，妹妹很快就成爲他攻擊的目標。雖然他還不至於對妹妹造成身體上的傷害，但他對妹妹的嫉妒之心已經非常明顯。他在行爲方面的糟糕表現可以追溯到妹妹出生的時候，她的出生對家庭結構產生了影響。

需要特別強調的是，當兒童的行爲變得愈來愈壞，或者出現了某些令人不愉快的現象時，我們不能只考慮這種情況是從何時開始的，也應考察這個情況產生的原因。「原因」用在這裡有點勉強，因爲人們無法理解爲什麼妹妹的出生會是哥哥變成問題兒童的原因。然而，這種情況卻經常發生。事實上哥哥對待妹妹出生的態度有問題。這裡的因果關係並不是嚴格的物理學意義上的因果關係，我們可以說，當石頭落地的時候，它肯定是按一定的方向和速度在運動，但我們不能說，因爲弟弟或妹妹出生了，所以哥哥就必須變壞。但個體心理學的調查表明，在心理的「落地」中，嚴格意義上的因果關係並不適用，因爲個體所犯的錯誤，無論大小，都會影響其將來的發展。

毫無疑問，在人類心理發展過程中總是會出現一些錯誤，這些錯誤及其所導致的後果會相互印證，並在失敗或錯誤的傾向中暴露出來。這一切都是因爲我們心理的目標設置活動，目標的設置包含判斷，也就是說，包含了犯錯誤的可能性。這種目標的設置或決定從很早就開始了。一般來說，兒童在二歲或三歲的時候就開始給自己確定超越的目標，這個目標永遠無法達到，而個體一直在以自己的方式努力奮鬥，追求這個目標。然而，雖然所有人在確立目標時都可能作出錯誤的判斷，但這對於兒童來說幾乎是不可避免的。兒童會將這個目標具體到他的行爲和整個生活安排中，這樣，兒童就會一直爲達成這個目標而奮鬥。

因此，現在我們就能理解爲什麼以下兩點特別重要：(1)牢記兒童的發展是由個體對事物個人的、獨特的解讀而非事物本身所決定的；(2)認識到當兒童接觸新的、困難的情境時，其行爲表現總是與其個人特有的錯誤相關。我們知道，情境能否給兒童留下深刻或獨特的印象並不取決於客觀事實或環境（如在上面的案例中，客觀事實是妹妹的出生），關鍵是兒童如何看待這些事實。就這一點，我們就可以理直氣壯地駁斥因果理論，這個理論認爲，必然聯繫存在於客觀事實與其絕對意義之間，而不存在於對事實的錯誤觀念之間。

我們精神生活眞正的精彩之處在於，是我們對事實的觀念決定了我們行動的方向，而不是事實本身。這一點特別重要，因爲我們對所有活動的控制和人格的建構都是以此爲基礎的。凱撒登陸埃及的故事能說明主觀觀念在人類行動中的重要作用。凱撒登陸的時候被絆倒了，摔在地上。羅馬士兵認爲這是一個不祥的徵兆。雖然羅馬士兵非常勇敢，但如果不是凱撒在摔倒後馬上用手抓了兩把沙子站起來，並大聲喊道「非洲，你是我的」，他們也早就打道回府了。從這件事情上我們可以看到，現實的構造產生的因果影響是多麼微不足道；有組織的、有良好整合能力的人格能塑造和決定現實對人的影響。同樣的情況在大眾心理與常識推理的關係中也可以看到：如果某種從眾的心理狀態讓位於常識推理，不是因爲情境會引發、決定某種大眾心理或常識推理，而是因爲兩者都是自發的、自然的觀點。一般來說，人們只有在實踐了錯誤的觀點之後才會形成某種常識。

現在我們回到那個男孩的故事。男孩很快就發現他處境堪憂。人們不再喜歡他，他在學校沒有進步，但他的行爲方式仍然沒有改變。他不斷地騷擾別人，這種行爲完全成爲他人格特徵的表現形式。那麼，會有什麼後果呢？只要他騷擾別人，就會馬上受到懲罰。他父母不是收到他糟糕的成績單，就是接到投訴信。最後，他被學校勸退，因爲他不適合學校生活。

對於這樣一種解決方式，男孩可能是最開心的人，他要的就是這個結果。他的這個態度又一次說明了他行爲方式的邏輯一致性。這種態度當然是不對的，但是一旦他這樣認爲，就會一直表現出來。他最根本的錯誤在於，他一直想讓自己成爲他人注意的中心。如果說他應該爲任何錯誤而受到懲罰的話，就是他的觀念、目標設置出現了錯誤。由於這個錯誤的觀念，他總是想方設法讓媽媽關注他。也是因爲這個錯誤觀念，他感覺自己以前像國王，獨裁統治了八年，然後突然從王位上被趕下來，被廢黜了。在他被趕下王位之前，他是媽媽的唯一，媽媽也是他的唯一。然後，妹妹出生了，他極力抗爭，想要奪回自己丟失的王位，這是他犯的第二個錯誤。但我們必須承認，他這樣做並不是天生邪惡或惡毒。當兒童遇到他沒有準備好的情境，在抗爭的過程中又沒有得到有效的指導時，他就可能變得邪惡。例如：一個孩子只習慣待在所有人都全心全意照顧他的環境中，但突然之間，事情完全顛倒過來了——孩子上學了。在學校，老師要照顧很多孩子，必須把注意力分配給很多的人，當兒童要求過多的關注時，老師就會很煩躁。這種情境對於被溺愛的兒童是相當危險的，但在開始的時候兒童絕不是邪惡殘酷或不可救藥的。

可以料想，這個男孩的個人生存模式和學校所要求的生存模式之間產生了衝突。簡單來說，這種衝突是男孩個人人格目標和學校生活設定的目標之間的分歧，這兩個目標所指的方向截然不同。但是，兒童生活中的所有事情都是由目標所決定的，可以說，除非生活目標發生方向性的改變，否則，他的整個生活系統都會保持不變。加上學校期待每個兒童都有正常的生存模式，因此，衝突在所難免。然而，在這個過程中，學校既沒有認識、體諒這個情境中兒童的心理事實，也沒有試圖從根源上避免衝突的發生。

我們知道，這個男孩生活中最強烈的願望是讓媽媽疼愛，並且只爲他一個人服務，他所有的行爲都是被這個願望所驅使的。在這個心理模式的驅使下，所有的事情都有可能聚集到這一點：我必須控制媽媽，我必須是唯一占有她的人。但是，人們對他有別的要求：例如自己獨自做事、自己完成學校功課、自己整理物品等。這就好比突然間要把一匹興奮的賽馬硬拽去拉馬車一樣。

這個男孩在這種情況下的表現當然還不是最嚴重的，即使這樣，當我們知道事情的眞正原因之後，我們會對男孩的處境深表同情。學校懲罰男孩不會有任何效果，那只會使他更加堅信，學校不是他應該待的地方。如果學校開除他，或要求父母帶他離開，那他就離自己的目標更近了。他這個錯誤的知覺模式就像一個陷阱，讓他感覺到自己已經實現了目標，因爲他確實感覺已經把媽媽牢牢控制在自己手裡了——媽媽必須又全心全意地關注他一個人，而這正是他想要的。

了解了事情的眞實情況之後，我們就必須承認，針對男孩的某一個或兩個錯誤來懲罰他是毫無意義的。例如：他忘記了帶課本——這一點都不奇怪，因爲這樣，他媽媽就必須爲他做事情了。所以，這不是單個的事件，而是整體人格的一部分。如果我們知道這個男孩所有的行爲都是他人格整體的一致性表現，我們立馬就明白男孩只是在根據他的生活方式行動。同時，他能根據人格來行動的邏輯一致性也證明他在學校不盡如人意的表現並不是因爲他意志薄弱，因爲意志薄弱的人是不可能堅持自己的生活方式的。

這個複雜案例還能帶給我們其他的啓示。事實上，我們都可能遇到跟男孩相類似的情況。我們自己的模式，即我們自己對生活的解讀，和社會現有傳統不可能完全一致。過去，人們都把社會傳統看成是神聖不可侵犯的；而現在我們已經意識到，人類社會習俗和傳統並不是神聖的或固定不變的，它們都處於發展的過程之中，而促進這個發展過程的是社會中個體的抗爭。社會習俗和傳統是爲個體而存在的，而不是相反，即個體應該爲社會習俗而存在，應該完全順應社會。個體得到拯救的關鍵在於個體具有社會意識，但社會意識並不意味著強迫個體適應統一的社會模式。

從這樣的角度（社會意識拯救個體，但並不強迫個體適應統一的社會模式）來考察個體與社會的關係是個體心理學的基本宗旨，這個宗旨對學校系統及如何對待不適應學校的兒童具有特別重要的意義。學校應該學會將兒童看成是具有鮮明個性的人，看成是有待培養和發展價值的人；同時，在判斷特定事件時要具有心理洞察能力，不把這些特定事件看成是孤立的，而是看成人格的統一表現，是整首樂曲的一部分。

第三章

追求卓越及其教育意義

除了人格統一性之外，關於人性的最重要的心理事實應該就是對卓越和成功的不懈追求了。這種對卓越與成功的追求當然與人的自卑感有直接的關係，因爲人如果沒有感到不足和自卑，就不會有任何超越當下情境的欲望。事實上，這兩個問題——追求卓越和自卑感是同個心理現象的兩個面，但爲了討論的方便，我們會把它們當成是相對獨立的兩個問題。本章我們主要探討對卓越的追求及其對教育的影響。

討論這個主題時我們碰到的第一個問題可能就是：追求卓越是不是天生的，就像我們的生物本能一樣。我們必須說，這種猜測幾乎不可能存在——我們絕不能在任何意義上把追求卓越看成是天生的。但是，我們必須承認，對優越感的追求以某種形式存在，並有發展的可能性。可能最恰當的表達方式是這樣的：人類的本性與其追求卓越的發展是息息相關的。

我們都知道人類活動是限定在一定範圍內的，有一些能力是我們永遠都不可能發展和形成的。例如：我們永遠都不可能擁有狗的靈敏嗅覺，也不可能感知光譜中的紫外線。但人類有一些功能和能力是可以得到進一步發展的，這種進一步發展的可能性正是人類追求卓越的生理基礎，也是人格心理發展的全部根源。

就如我們所看到的，無論是兒童還是成人，無論在何種環境之中，人類普遍具有維護自我的強烈衝動，我們無法消滅這種衝動。感到自己不如別人、擔心自己被別人看低，加上有時沒有把握和自卑的情緒，使人類總想達到更高的水準，以獲得補償，變得完整。

我們可以看到，環境的影響使兒童產生自卑、軟弱、不確定的感覺，兒童身上的某些特質試圖消除這些感覺，而這轉而對他們整體的精神生活產生重要影響。兒童奮鬥的目標是從當前狀態中解放出來、使自己達到更高水準，獲得平等。兒童上進的願望愈強烈，給自己設定的目標就愈高，因爲他想證明自己的能力，而這種證明經常超越了人類力量的極限。由於兒童有時能從各個方面獲得支持和肯定，他們會對未來做出近乎神一般的規劃，認爲自己與上帝一樣無所不能。這通常會發生在自我感覺很脆弱的兒童身上。

我們來看一個十四歲的孩子的案例。這個孩子發覺自己心理狀態非常糟糕。當我們詢問他對於童年的印象時，他告訴我們，當他六歲的時候，發現自己不能吹口哨，感覺非常痛苦。然而，有一天，當他走出屋子的時候，他發現自己會吹了！他覺得非常吃驚，他相信那是上帝在他的身體裡吹口哨。這件事清楚地表明，脆弱的感覺和接近神的感覺是緊密相連的。

人們追求卓越的欲望與個體鮮明的性格特徵緊密相關。透過研究兒童的這些性格特徵，我們就可以理解他們所有的雄心壯志。自我證明願望特別強烈的兒童經常會產生嫉妒的情緒。這類兒童容易形成這樣一種習慣——希望他們的競爭者遇到各種倒楣的事情；有時候不僅僅是希望（這經常會引起神經衰弱症），還會傷害對手，給對手製造麻煩，甚至三不五時會表現出明顯的犯罪特徵。這樣的孩子有可能會誹謗別人、洩露內部祕密或貶損其他同伴，以提升自身的價值，特別是當有人關注他的時候。因此，對於他來說，是他自己的價值上升還是他人的價值下降並不重要，最重要的是所有人都不能超過他。當兒童渴望力量和權力的願望特別強烈的時候，就會變得不那麼善良，甚至狠毒、報復心強。這類兒童總是表現得很好鬥，喜歡挑釁別人，這從他們的外表就可以看出來——他們眼神犀利，會突然爆發脾氣，隨時準備與假想中的敵人戰鬥。對於以卓越爲目標的兒童來說，參加學校考試是特別痛苦的過程，因爲這有可能暴露他們的不足，使他們覺得自己一無是處。

前面討論的事實表明，我們有必要使考試適合兒童的特質，同樣的考試對不同的孩子意義很不一樣。我們發現，對於有些孩子來說，考試是極其沉重的包袱。一有考試，他們就會臉色發紅，接著變得慘白，還開始說話結巴，全身發抖；他們頭腦一片空白，擔心自己考不好，感到羞愧和害怕，整個人陷入癱瘓狀態。有些孩子只能和別人一起回答問題，因爲懷疑自己被別人密切關注，他們根本無法單獨回答問題。這種對卓越的渴望也會表現在遊戲中。強烈渴望高人一等使他們在遊戲中只願意扮演騎馬人這樣的領導者和掌握方向的人，而不願意扮演馬這樣的角色。但如果他曾經在遊戲中扮演騎馬人這樣的角色時受挫，他們就會樂於在別人玩遊戲時搗亂。況且，如果他曾經多次受挫，他的雄心就會一落千丈，任何新的情境都會使他退卻，而不是促使他前進。

雄心壯志沒有受到打擊的兒童會對各種競爭性遊戲表現出濃厚的興趣，但遭遇失敗時他們同樣會驚慌失措，不知如何面對。我們經常能從兒童最喜歡的遊戲、故事、歷史人物和現實人物中推斷出他們渴望證明自我的程度和趨勢。很多成人崇拜拿破崙，他是野心勃勃的人的最佳偶像。強烈感覺自己低人一等的人經常是妄想自大狂，自卑感令他們對現實失望至極，轉而尋求現實之外的滿足感和陶醉感，類似的事情也經常發生在夢裡。

透過觀察，我們知道兒童追求卓越的努力具有多方向性，這些不同的方向可以劃分爲不同的類型。但因爲努力的方向其實是無窮無盡的，且主要由兒童對自己的信心來決定，因此，我們不可能對其進行精準的分類。發展沒有受挫的兒童在追求卓越的過程中會努力獲取有用的技能，他們設法使老師滿意，遵守規章制度，發展成爲正常的學生。但從我們的經驗來看，這種情況並非主流。

有些兒童總想超越別人，這種欲望異常強烈，簡直令人難以置信。通常兒童這種追求卓越的努力會表現爲不切實際的雄心壯志，而這種雄心壯志很容易被接受，因爲我們習慣於把有雄心壯志當成一種美德，認爲它能促使兒童進一步努力提升自己。然而，兒童雖然能在短時間內承受這種膨脹的野心，但他們逐漸會感覺到這種緊張感、壓迫感過於強大，這是不可避免的。況且，這類兒童絕大多數時間可能都在家裡學習，其他的活動會受到影響。這樣的孩子往往會以要提升成績爲理由來迴避其他問題。兒童的這種發展狀況是令人擔憂的，因爲在這種情況下，他們的身體和心理都不可能健康成長。

拼盡全力超越別人的方式並不適合促進兒童正常的成長。總有一天，環境會迫使他認識到，不能只是待在家裡讀書，必須到戶外去，和朋友交往，從事其他活動等等。同樣，這類孩子也不是大部分都如此，但數量也不少。

另外，在一個班上經常會有兩個學生是隱性競爭者。仔細觀察會發現，這些兒童有時會形成一些不太好的性格特徵，如容易嫉妒和嫉恨，無法形成獨立、和諧的人格。其他兒童的成功會令他們惱怒不已；當其他人不斷取得進步時，他們會出現神經性頭痛、胃痛等等。當其他同學受表揚時他們會退到一邊，當然，他們也從來不讚美其他同學。這說明他們產生了嫉妒之心，而這種嫉妒對於實現其雄心壯志毫無幫助。

這樣的孩子很難與同伴融洽相處。在所有活動中他們都想做領導者，不願意遵守遊戲的一般規則。結果，他們不願意與同伴玩樂，對同學非常傲慢。對於他們來說，每一次與同學接觸都是令人不愉快的，愈是這樣，他們就對自己的地位愈沒把握。這樣的孩子從來都不敢確認自己的成功，當他們感覺自己處於不安全的氛圍中時，容易緊張和恐懼。由於別人對他們的期望，加上他們對自己的期望，使他們不堪重負。

這些孩子對家人的期望特別敏感，他們會興奮而緊張地完成交給他們的所有任務，因爲他們總是渴望超越所有人，成爲「傑出人物」。他們能感覺到自己肩負的沉甸甸的希望；只要環境有利，他們會一直背負著這種希望。

如果人類能掌握絕對眞理，能找到一種完美的方法使兒童免於各種困境，那可能就不會有問題兒童了。因爲我們沒有這樣的方法，也因爲我們不能按理想的標準布置兒童必須適應的環境，因此，對兒童的過度期望顯然是很危險的事情。與沒有這種過度雄心的兒童相比，這類兒童會以截然不同的方式面對困難。我們這裡所說的困難是指那些人生不可避免的阻礙。事實上，我們現在不能，甚至永遠也不能使兒童不遇到任何困難。這一方面是因爲我們的方法還不適合所有兒童，還需要進一步發展和提升；另一方面也是因爲過度的雄心壯志破壞了兒童對自己的信心。面對困境，他們缺乏克服困難所必需的勇氣。

野心太大的孩子只關注使其成功得到認可的最後結果。成功本身並不能令他們心滿意足，成功得到認可才是他們關注的重點。我們知道，很多情況下，在遭遇困難的時候，兒童保持心理平衡比嘗試克服困難本身更為重要。但被野心驅使的孩子並不能明白這一點，對於他們來說，沒有他人的羨慕和欽佩是不可想像的。結果，我們看到，無數人活在他人的意見之中。

透過觀察天生有生理殘疾的兒童，我們可以看到在價值感方面保持平衡有多麼重要。這些案例並不罕見。一般人都不知道，很多兒童左邊身體發育得比右邊要好。左撇子兒童在我們這個右撇子文明社會中會遇到很多困難。我們必須用一定的方法來區分兒童是左撇子還是右撇子。我們發現左撇子兒童幾乎無一例外地在書寫、閱讀和畫畫方面特別困難，一般來說，他們的手比較笨拙。有一個簡單，但不是絕對準確的方法來區分天生的左撇子或右撇子兒童：請兒童把雙手交叉。左撇子兒童交叉的時候一般會把左手的大拇指放在右手的大拇指上面。透過這個方法可以發現，很多人天生是左撇子，但他們自己卻從不知道！

調查了大量左撇子之人的經歷後，我們發現了下面的事實：首先，這些孩子一般被認為是笨拙的（我們社會所有的設施和安排都是根據右撇子來設計的，人們有這種觀點並不奇怪）。只要想想下面的情境就知道左撇子面臨的處境是多麼困難了：我們習慣了車靠右邊行駛，但現在我們必須穿過一個鎮上的一條街，而這個鎮的車都是靠左行駛的（例如英國、阿根廷）。如果家裡其他人都是右撇子，兒童的處境會更糟糕，他的左撇子會給家人和自己帶來諸多不便。在學校開始學寫字的時候，他發現自己寫得比一般人都要差。因爲人們不理解這種狀況，因此會嘲笑他，給他低分數，甚至會懲罰他。在這種情況下，兒童除了相信自己在某些方面比別人差之外，還能怎麼解釋他所受到的待遇呢？慢慢地，他會感到自己先天不足，在某些方面不如別人，或者無法與其他人競爭。由於他在家也受到嘲諷，因此，他更加確信自己是比不上別人的。

當然，兒童不是必然接受這種失敗的結果，但這種令人沮喪的環境使很多兒童放棄了抗爭。因爲他們不了解眞實的狀況，也沒有人告訴他們應該如何克服這些困難，他們很難一直抗爭下去。由於這個原因，很多人書寫潦草，因爲他們的右手沒有接受充分的訓練。事實證明這個困難是可以克服的，因爲很多左撇子成了傑出的藝術家和畫家，有些也成了雕刻家。這些人雖然天生是左撇子，但透過訓練，他們使用右手的能力得到了良好的發展。

還有一種錯誤的說法，即認爲訓練左撇子使用右手會使他們變成結巴。其解釋是：左撇子兒童面臨的困難有時過於沉重，因此，他們可能喪失說話的勇氣。這就是爲什麼左撇子表現出其他缺乏勇氣的行爲（如神經官能症、自殺、犯罪、墮落等）。另一方面，人們發現，克服了左撇子困境的人經常能取得傑出的成就——經常是在藝術領域。

單獨一個左撇子的特徵可能不能說明太多問題，但它至少告訴了我們一件重要的事情：沒有將兒童的勇氣和恆心培養到一定程度，我們就無法確定他們任何方面的能力。當兒童被威脅、被剝奪了對美好未來的希望時，他們似乎仍然能夠創造成功的未來。但是，如果我們給予他們更多的勇氣，這些兒童取得的成就可能大得多。

因爲人們習慣於用成功的結果來評價野心勃勃的兒童，而不是他們爲面對困難所做的準備和爲戰勝困難所付出的努力，因此，這些兒童的處境可能不利。我們現有的文明也更習慣於關注眼前的成功，而不是完整的教育。而這種能輕鬆獲得的短暫成功只不過是曇花一現，因此，訓練兒童的野心並非明智之舉，更重要的是，我們要培養兒童的勇氣、恆心和自信，讓他們認識到，失敗只不過是需要處理的新問題，而不是阻撓前進的障礙。如果老師能認識到孩子在哪方面的努力是無效的，也能識別孩子在開始時是否付出了足夠的努力，兒童就更容易認識到這一點。

因此，我們現在知道，追求卓越的努力可以表現爲擁有雄心。有些兒童在最初的時候表現得野心勃勃，想成爲最優秀的，但後來卻放棄了，因爲有其他孩子已經超越他們太多，因此，他們覺得無論怎麼努力，自己的目標都是遙不可及的。很多老師對這種進取心表現不足的兒童採取非常嚴厲的教育方式，或者給他們打很低的分數，想激發他們潛在的雄心。如果有些孩子倖存一絲勇氣，這種方法偶爾會取得成功。但是，我們不建議普遍使用這種方法，因爲這樣會使這些學習上已經接近危險地帶的兒童茫然無措，變得更加愚笨不堪。

另一方面，我們經常驚訝地發現，那些被給予溫柔、愛和理解的兒童身上表現出令人折服的聰明才智。事實上，這些兒童經常表現得野心勃勃，這只是因爲他們害怕回到以前的狀態。在他們眼裡，之前的生活方式、過去的一無所成就像警鐘，促使他們不斷進取。他們中很多人在之後的生活中都會像著了魔一樣，日以繼夜地工作，沒完沒了地加班，永遠認爲自己做得不夠。

如果我們記得個體心理學的首要思想，即每個人的人格（兒童和成人都是如此）都是一個統一整體，它總是以個體逐步形成的行爲方式表現出來，那麼我們對這一切就更加瞭若指掌。脫離行爲者的人格單獨評價某一行爲是不恰當的，因爲我們有很多種方式來解讀某一特定的單一行爲。當我們把行爲放在人格整體中來理解時，這種理解的不確定性和模糊性馬上就會煙消雲散。例如：拖拖拉拉只是兒童回應學校任務的必然方式。這只是意味著他寧可與學校沒有任何關係，這樣他就不必按學校的要求行事了。事實上他們會想盡一切辦法不遵守學校的規章制度。

從這個立場出發，我們就能對學校的「壞」孩子有一個完整的了解。我們看到，當兒童追求卓越的努力與學校要求不一致、不被學校接受的時候兒童是如何應對的。他會出現一系列典型的行爲症狀，慢慢地，這些症狀變得愈來愈難以矯正，甚至變本加厲。他可能會變成宮廷小丑式的人物，除了用惡作劇使別人發笑之外，終日無所事事；也可能愛騷擾同伴，或者蹺課，與不務正業的人爲伍。

那麼，現在我們明白，不但在校兒童的命運掌握在學校手裡，他們之後的發展也深受學校生活的影響。學校的教育和培養大部分決定了個體的未來生活。學校生活是家庭生活和社會生活的緩衝。一方面，學校生活有可能矯正家庭養育中形成的不良生活方式；另一方面，它有責任爲兒童適應社會生活做好準備，確保兒童能順利完成各安其位的社會賦予個體的職責。

回顧歷史，學校的角色一直是根據當時理想的社會標準來培養個體的。無論是貴族學校、宗教學校、資產階級學校還是民主學校，它們的目標都是根據時代和統治者的要求來培養兒童。隨著社會思想的變化，如今的學校也應該作出相應的改變。因此，如果今天理想的成人個體是獨立、自控、勇敢的男人或女人，學校就必須調整自己，使自己培養出來的人才接近這個理想的目標。

或者說，學校不能把自己當成教育的目的，必須記住的是，學校是爲社會培養個體，而不是爲學校自身。因此，學校不應該忽略那些已經放棄成爲優秀學生的兒童。這些兒童不一定缺少追求卓越的進取心。他們可能轉向那些不需要那麼努力的、相信自己（有可能是正確的，也有可能是錯誤的）更容易取得成功的事情。這可能是因爲在早年的時候無意識地接受了其他活動的訓練，因而具備了某些方面的技能。因此，他們可能無法成爲傑出的數學家，但可能成爲優秀的運動員。教育者永遠不要貶低這些突出的成就，而應當以此爲起點，激勵兒童獲得其他領域的成功。如果教育者從兒童令人鼓舞的成就入手，使兒童相信他在其他方面也可以取得同樣的成就，那對於兒童的教育就省事多了。可以說，這就是誘使兒童從一個有成就的領域轉向另外的領域。除了那些遲緩兒童，所有正常兒童都完全可以成功完成學校的任務，需要克服的只是一種人爲的障礙。這個障礙來源於我們的評價標準——我們總是以抽象的學校分數，而不是以教育的最終目的和社會目標作爲評價的基礎。這個障礙使兒童喪失信心，因爲在有意義的活動中他們找不到合適的方式來表現自身的優越，因而對這些活動感到挫折而逐漸失去了進取心。

在這種情況下兒童會怎麼做？他想到最快的辦法是逃避。我們經常發現，這些兒童會表現出魯莽、固執等不受老師認同，但可以吸引老師注意力或引起其他兒童欽佩的性格特徵。透過這種搗亂的方式，這些孩子經常把自己當成是英雄或孩子王。

兒童在學校學習的過程中，就會出現這些心理問題的症狀和偏離正常軌道的行爲問題。雖然這些症狀和問題是在學校裡才會表現出來的，但我們不能把其根源都歸究於學校。從消極的意義上來講，學校除了承擔積極的教育和矯正的使命之外，還具有顯現早期家庭教育缺陷的試驗場所。

優秀的、細心的教師在孩子入學的第一天就能看出很多的問題。因爲很多孩子一進入學校這個新的環境馬上就會表現出受寵兒童的所有症狀，對於他們來說，新環境是最痛苦、最令人不愉快的。這些兒童缺乏和其他人接觸的經驗，因此，能交到朋友對於他們來說非常關鍵。如果兒童在上學之前具備了與他人接觸的經驗，情況就會好很多。兒童絕不能只依賴於某一個人，而對其他人都排斥。學校必須矯正家庭教育的缺陷，但如果兒童在上學之前就能減少這種缺陷，他在學校的表現就會好很多。

在家裡被寵壞的兒童缺乏專注力，他們是不可能馬上專注於學校的各項任務。他們更渴望留在家裡，而不是上學，事實上，他對學校不會有「好感」。我們很容易就能發現他憎惡學校的跡象。例如：父母不得不在早上威脅他起床；必須不斷地催促他做這做那；他在吃早餐時總是磨磨蹭蹭等等。這樣的孩子似乎遇到了不可逾越的障礙，因而無法進步。

解決這個問題的方法和對待左撇子人的情況一樣：我們必須給予這些孩子充足的時間來學習；當他們遲到的時候，不要懲罰他們，因爲懲罰只會增加他們在學校的不愉快感，也使他們更加確信自己的感覺——學校不是他應該待的地方。當父母爲了讓孩子上學而鞭打他們時，孩子不但不想上學，而且會想辦法使自己的處境不那麼糟糕。這些辦法當然不是眞正地面對、克服困難，而是逃避。兒童的每一個手勢、每一個動作都會反映出他對學校的厭惡及在處理學校問題方面的無能爲力。例如：他永遠都不把書放到一起，總是忘記或丟掉它們。當孩子形成忘記或丟書的習慣時，我們就可以肯定，他在學校過得並不愉快。

在研究這些兒童時我們發現，這些兒童幾乎都認爲自己不能在學校取得任何的成就感。兒童的這種自我貶低並不全然是他們的錯，周圍的環境也助長了他們的自我評價。比如：在家的時候，盛怒中的家人可能會說他們將會一事無成，或者說他們愚蠢或一無是處。當兒童在發現學校的某些事情似乎證實了家人的這些指責時，他們沒有足夠的分析能力（他們的長輩經常也缺乏這種分析能力），無法糾正這種錯誤的解讀。因此，他們還沒有進入戰爭就已經棄甲而逃了，把自己設定的失敗看成是不可克服的障礙，證明了他們的無能或低能。

因爲一般的環境都是這樣，因此，一旦有了錯誤，改正錯誤的機會就微乎其微；儘管這些兒童明顯要求上進，但他們在學習上通常落後於他人，因此，他們很快就放棄了努力，轉而捏造不用上學的藉口。缺課，也就是蹺課是最危險的表現之一。蹺課被認爲是最嚴重的錯誤之一，通常會受到嚴厲的懲罰。因此，兒童被迫變得狡詐和不誠實。還有一些做法使他們在錯誤的道路上愈走愈遠。他們僞造家長寫的簽名條到學校，也僞造學習成績單帶回家；他們可以給家裡編造一系列的謊言，說他們在學校做的那些該做的事情，而實際上他們根本沒去學校。不去上學，他們就必須找一個地方藏起來。毫無疑問，他們經常會碰到同樣蹺課的孩子。追求卓越使他們不滿足於僅僅是蹺課，他們會有進一步的行動——做違法的事情。他們愈走愈遠，直至成爲不良少年及慣犯。這些孩子會組織幫派，開始偷竊，偷吃禁果，感覺自己長大了、成熟了。

有了這些開始，這些孩子會尋求更多的東西來滿足他們的雄心。因爲他們的行爲還沒有被發覺，因此他們覺得自己可以實施最狡猾的犯罪。這也解釋了爲什麼那麼多孩子不放棄他們的犯罪生涯。因爲他們認爲自己在別的方面不可能取得成功，因此，他們希望在犯罪這條路上走得更遠。他們排除了一切可能促使他們從事有意義活動的東西。他們的雄心總是被同伴的行爲所刺激，促使他們從事新的偏離社會或反社會行爲。具有犯罪傾向的兒童無一例外都是極爲自負的，這種自負和雄心來源相同，總是促使兒童在某一方面出類拔萃。因此，當兒童不能在有意義的活動中找到自己的位置時，他就會轉向無意義的活動。

在某個案例中，一個男孩殺死了老師。透過研究這個案例，我們可以在這個男孩身上發現我們剛才討論的所有性格特徵。這個男孩是在一位女家庭教師的監護下長大的，這位女教師認爲自己對心理生活中所有重要的表達方式和功能都瞭若指掌；她對男孩的照顧細心周到，但在教養過程中過於緊張。開始時男孩壯志滿懷，野心勃勃，但後來卻一事無成——也就是說，他的努力和奮鬥只給他帶來了沮喪，因此，男孩對自己完全喪失了信心。生活和學校都沒有滿足他的期望，他轉而開始做違法的事情。由於違反法律，他離開了學校，不再受老師和兒童教育專家的管控，而我們的社會還沒有機構將青少年犯罪當成教育問題，即矯正心理錯誤的問題。

熟知教育學的人都知道一個奇怪的現象：教師、牧師、醫生和律師家庭的孩子經常很不聽話。不僅僅是沒有太多專業知識的教育者家庭會出現這種情況，很多提出重要觀點和理論的教育專家的家庭也同樣如此。儘管他們是這方面的專業權威，但他們似乎沒有辦法使自己的家庭風平浪靜、井然有序。這種現象產生的原因是這些家庭忽略或沒有理解某些重要的觀點。例如：最常見的問題之一是作爲教育者的父親或母親被假定爲權威，他或她總是試圖在家裡嚴格地實施各種規則和規定，因而對孩子造成了嚴重的壓迫。這種做法也對孩子的獨立性造成了一定的損害，事實上，孩子的獨立性經常被完全剝奪。這種壓迫，連同打他們的棍子，深植於他們的記憶深處，似乎激起了孩子報復的欲望，以反抗父母的壓迫。另外，有意識的教育導致他們的觀察特別敏銳（sharpened）。在大多時候，這種敏銳的觀察能力是非常有利的，但用在自己孩子身上經常會導致孩子總想引起人們注意的中心和關注的焦點。他們把自己當成展示的樣品，認爲其他人應該爲他們負責、決策。同時，他們也認爲這些人有責任掃除一切障礙，而他們自己不承擔任何責任。

第四章

引導追求卓越的努力

前面我們說到，所有的兒童會努力追求卓越。父母或教育者必須做的是把這種努力引入有意義的、富有成效的活動中，確保這種努力有利於促進兒童精神的健康和快樂，而不是引發精神官能症和各種疾病。

怎麼做到這一點？爲追求卓越而作出的努力有些是有意義的，有些沒有任何意義，那麼區分兩者的基礎是什麼？答案是社會興趣（interest in the community）。很難想像，人們取得的成就、曾經做過的任何值得做的事情和社會沒有任何關係！回憶那些我們認爲高貴、崇高、寶貴的偉大行爲就會發現，這些行爲不但對行爲者本人有價值，對於整個社會也是有價值的。因此，對兒童的教育應該使他們具有社會情感（social feeling）或對團體的認同感和歸屬感（a sense of solidarity with the community）。

不了解社會情感的兒童就會成爲問題兒童，他們其實只是追求卓越的努力沒有被激發出來而已。

確實，對於什麼才是對社會有意義的，人們持有不同的觀點。但有一件事情是肯定的：我們能根據果實來判斷一棵樹。任何特定的行爲對社會是否有意義都可以根據行爲結果來判斷。這意味著我們必須考慮時間和效果的關係。最終所有的行爲都要經過現實的檢驗，現實對行爲的檢驗將會顯示行爲是否與社會總體的需求相關。這是所有事情普遍認知的結構，是價值的判斷標準，與這個標準相左還是一致，遲早都會水落石出。況且，幸運的是，在日常生活情境中，我們通常無需使用複雜的判斷技能。至於社會運動、政治趨勢等，由於我們不能馬上預見其後果，因而存在一定的爭議。但是，即使在這些領域，在民族和個體的生活裡，行爲的效果最終都會表明某一行爲是否有意義，是否眞實。因爲從科學的觀點來看，我們不可能把任何事情都當成好的或有用的，除非它是絕對眞理，是生活的意義所在，而生活的意義受制於地球、宇宙及人與人之間的相互關係。這些客觀條件和人類共通性就像數學問題，儘管我們不可能總是解決這些問題，但答案就在其自身之中。只有依據問題的相關資料進行檢驗，我們才能確定解決問題的方法正確與否。遺憾的是，有時候檢驗解決方法的時機姍姍來遲，以至於我們沒有機會糾正這些錯誤。

那些不能從邏輯的、客觀的視角來看待自己生活的人，基本上也不能看到他們行爲方式的連貫性和一致性。當有問題出現的時候，他們往往驚慌失措，不知如何處理，只是將問題歸咎於自己選錯了道路。對於兒童來說，當偏離正常的軌道時，他們沒有能力從這些負面的經驗中吸取積極的教訓，原因很簡單，因爲他們不理解問題的意義。因此，我們有必要教孩子如何看待生活——生活不是一系列毫無關聯的事件，生活中所有的事件都是相互滲透、相互影響的，有一條連續的線索貫穿其中。每一件正在發生的事情都不能單獨從個體及整體的生活背景中抽離出來，都必須與之前發生的事情聯繫起來。如果孩子懂得了這一點，他們就能理解自己爲什麼會誤入歧途。

追求卓越的方向有正確和錯誤之分，再進一步討論兩者的差別之前，我們可以先看一種表面上與我們的一般理論相悖的行爲——懶惰。從表面上看，這類行爲與所有兒童都天生具有追求卓越的動力的理論相矛盾。實際上，這是因爲懶惰的兒童受到了太多斥責和批評，因而喪失了追求卓越的動力，不再野心勃勃。但如果我們仔細研究懶惰的孩子，就會發現一般的觀點都是錯誤的。懶惰的孩子也具有一些優勢。例如：他不用承擔別人對他的期望；他沒有取得很大的成就時會被諒解；他不努力，因此裝出不在乎、懶惰的態度。但是，懶惰經常能使他們處於被關注的中心，因爲他們發現父母必須關注這個孩子。如果我們知道有多少孩子不惜一切代價來獲得關注，就會明白爲什麼孩子會想出以懶惰的方式來獲得他人的關注。

然而，這還不是懶惰完整的心理學解釋。有許多兒童利用懶惰來使自己的處境不那麼艱難。這些兒童表面上的無能和沒有取得成就往往被歸因於他們的懶惰。人們很少責備他們的無能，相反，家人總是對他們說：「如果他不懶的話，有什麼事做不成呢？」而兒童也滿足於這個說法，認爲只要他們不懶，就可以做成任何事情。這對於沒有自信的兒童來說是一種安慰。這是一種成功的替代，不但兒童如此，成人亦然。這種虛構的句式——「如果我不懶，我什麼事情做不成呢？」使他們擺脫了失敗的感覺。當這些兒童眞的做了點什麼事情的時候，即使是很小的事情在他們的眼裡也會顯得特別有意義、特別重要。這個小小的成就與他之前一直一事無成形成了鮮明的對比。結果，他會得到成人的表揚，而其他一直很努力的孩子即使取得了更大的成就也未必能得到成人的認可。

因此，現在我們知道，懶惰其實是一種隱性的、未被完全意識到的策略。懶惰的兒童就像走鋼絲的人在鋼絲下加了一個網，當他們摔下來的時候，也是輕輕的，不會太重。懶惰兒童受到的批評比其他兒童受到的批評更溫和，對自尊的損傷也更小。因爲被認爲是懶惰總比被認爲是愚笨要好，也沒那麼痛苦。總而言之，懶惰就像隔板，隱藏了孩子對自己缺乏信心這個眞相，使他們完全不去嘗試解決面臨的問題。

如果我們考察一下當今的教育方法，就會發現它剛好滿足了懶惰兒童的希望。因爲兒童受到的批評指責愈多，離自己的目標就愈近——有人一直在關注他，並且批評不是指向他的能力，這剛好是他想要的。懲罰的作用也差不多。老師想透過懲罰來使兒童改正懶惰的毛病，但結果往往令人失望。最嚴厲的懲罰也無法將一個懶惰的孩子變成一個勤奮的孩子。

如果懶惰的孩子變得勤奮了，那肯定是情境中發生了某些變化，例如孩子取得了某個意外的成功。或者，孩子原本嚴厲的老師換成了溫和的老師，這位老師能理解兒童的心理，總是鼓勵他，給予了他新的勇氣，而不是削弱他原本就不多的勇氣。有時候，從懶惰到勤奮的轉變相當突然和迅速。因此，我們看到有些孩子在上學的第一年顯得相當落後，在第二年換了學校之後由於學校環境的變化，突然變得異常勤奮。

有些兒童不是透過懶惰來逃避有意義的活動，而是透過裝病。還有一些孩子在考試期間異常興奮和激動，因爲他們感到自己會因爲神經緊張而受到特別的照顧。（可能是因爲成人喜歡看到兒童重視考試？）愛哭的孩子也有類似的心理傾向：他們的哭泣和興奮有可能使他們獲得某些特殊照顧。

在這些同類型的兒童中，我們應該特別考慮某些有缺陷的兒童，如說話結巴的兒童。熟知幼兒的人都知道，剛開始學說話的時候，幼兒都會有一點點口吃。我們知道，語言的發展受很多因素的影響，這些因素使語言發展加快或遲緩，這其中最主要的因素是社會情感的程度。愛好交際、喜歡和人打交道的兒童比廻避他人的兒童學說話更快，也更容易。在有些情境中，語言甚至是多餘的；例如受到過度保護和溺愛的兒童，他們所有的願望成人都能猜中，在其表達願望之前就得到了滿足（就好像對待聾啞兒童一樣）。

如果兒童四、五歲前還沒有學會說話，父母就會擔心他們是聾啞兒童。但父母很快發現，孩子的聽力很好，因此不可能是聾啞兒童。另一方面，我們會發現，他們生活的環境是不需要語言的。當兒童不費吹灰之力就可以得到他想要的東西時，他說話的欲望就不強，因此，他們學說話就會很晚。語言表明了兒童追求卓越的努力及其發展的趨勢。不論是想透過說話帶給家庭快樂，還是滿足自己的日常需求，爲了表現出他追求卓越的努力，他都必須說話。當這兩種形式的表達都沒有可能時，很自然，兒童的語言發展就會受到阻礙。

還有其他一些語言方面的缺陷，如對某些輔音發音困難，像r、k、s。這些都是可以治癒的，因此，現在那麼多成人結巴、咬字不清是非常令人驚訝的。

大多數孩子都能克服口吃，少部分需要接受治療。我們透過一個十三歲兒童的事例來說明治療的過程。這個男孩從六歲開始接受醫生的治療。治療持續了一年，但沒有成效。接下來的一年，他沒有接受專業治療。第三年，他在另一位醫生那裡接受了一年的治療，也沒有成效。第四年，這個男孩沒有接受任何治療，在第五年的前兩個月，他到一位語言治療師手上接受治療，但這使他的情況更糟。後來，他被送到一家治療語言缺陷的專門機構。持續兩個月的治療有了一定效果，但六個月後又回到了原點。之後，他又接受了另一位語言治療師爲期八個月的治療。這次，他非但沒有取得任何明顯的進步，反而有一定程度的倒退。另一位醫生也進行了嘗試，但同樣沒有成功。在第二年的夏天，他進步了，但在假期快結束的時候又開始結巴。

這些治療大多包括大聲朗讀、放慢說話速度、多練習等等。我們注意到，有些治療方法有暫時的效果，但很快又會倒退。雖然男孩小時候曾從二樓摔下，造成腦震盪，但不存在器官缺陷。

男孩的老師教他已有一年，認爲他「教養很好，很勤奮，容易臉紅，有點容易發脾氣」。他還說，法語和地理是男孩感覺最難的科目。在考試的時候，他會異常緊張。老師也注意到，他對體操和體育運動很有興趣，也喜歡工藝作品。男孩在任何一方面都沒有表現出領導的天性；他和同學相處融洽，但和弟弟有時候會爭吵。他是左撇子，一年前他的右臉曾經有點顏面神經麻痺。

再來看看他的家庭環境。父親是商人，非常緊張兒子的口吃，當他口吃的時候經常嚴厲地批評他。儘管這樣，男孩更怕母親。他有一位家庭教師，因此，他很少有機會離開家裡。他很少有自由，也認爲媽媽很不公平，因爲她偏愛弟弟。

清楚了這些事實之後，我們可以這樣來解釋這件事情：男孩容易臉紅表明他與人打交道時會緊張。可以說，臉紅和他的結巴是相關的。即使他喜歡的一位老師也沒能治癒他口吃的毛病，因爲口吃已經成爲他表達對他人不喜歡的一種固定模式。

我們知道，人的口吃並不是由客觀的外部環境引起的，而是由兒童對這個環境的理解方式引起的。他容易發脾氣在心理學上具有重要意義。這表明他不是消極、被動的孩子，表明他想得到他人的認可，想超越他人，發脾氣往往表明其內心脆弱、不夠強大。另一個事實也證明了他這種脆弱的心理——他只和弟弟吵架。由於感覺自己考試可能會失敗，可能會不如別人，因此，在考試的時候他會特別緊張。深深的自卑感使他把追求卓越的努力放在了一些無意義的活動上。

因爲家裡的環境比學校更令人不愉快，因此，他很樂意去上學。在家裡，弟弟總是大家關愛的焦點。器官上的受傷或受到驚嚇都不太可能是他結巴的原因，但其中之一可能使他徹底喪失了勇氣。弟弟的出生使他在家裡的地位發生了變化，這對他的結巴影響更大。

另外，值得注意的是，八歲前男孩一直有尿床的習慣，尿床是大多數之前受到寵愛或溺愛、後來受到「冷落」的兒童具有的普遍特徵。尿床表明，即使晚上睡覺他也在想如何獲得媽媽的關愛，說明男孩不甘心被忽略。

要治癒男孩的口吃，我們必須鼓勵他，教他學會如何獨立。我們必須給他分配一些力所能及的任務，讓他從完成任務的過程中獲得自信。男孩承認，弟弟的到來令他很不開心。但他現在必須明白，嫉妒是怎樣使他誤入了歧途。

我們還可以有很多關於口吃的伴隨症狀的討論。現在，我們來看看兒童激動的時候會發生什麼。很多口吃者在憤怒地指責他人的時候一點也不會結巴。年齡大點的口吃者在背誦或戀愛的時候說話一點問題都沒有。這些事實表明，他們口吃的關鍵因素在於與他人的關係。當兒童必須與他人建立關係，或者必須透過語言來表達這種關係的時候，他們就會感到對抗、緊張，因而口吃。

當兒童學說話沒有特別的困難的時候，成人對他們的語言發展是不會特別關注的；但當兒童表現出有困難的時候，大家就都會注意到。整個家庭都極度關注這個兒童，結果，兒童自己也會過度在意說話的問題。他開始有意識地控制自己的語言，而一般兒童是不會有意識地控制的。我們知道，有意識地去控制那些原本是自動化的功能會限制這些功能的運轉。梅林克（Meyrink）的童話故事《蟾蜍的飛行》裡有一個很好的例子。蟾蜍碰到了一種有一千隻腳的動物，立即開始讚揚牠非凡的力量。蟾蜍問：「您能告訴我，您走路的時候是先走哪隻腳，其他九百九十九隻腳是按什麼順序來移動的呢？」千足蟲開始思考，並觀察自己腳的運動，當試圖控制腳的運動的時候，牠反而完全糊塗了，一隻腳也動不了。

雖然在我們生命的過程中鍛煉自己有意識的控制力很重要，但如果試圖控制所有的運動卻是有百害而無一利的。只有製作藝術品的身體動作達到自動化的水準，我們才有可能創造出藝術品。

儘管口吃的習慣對兒童將來的發展可能造成災難性的影響，也會在養育兒童的過程中帶來明顯的不利（家人對他們的同情及特別關注），但還是有很多人寧可找藉口，而不願尋求改善的方法。兒童如此，父母也是如此，他們都對將來喪失了信心。特別是孩子，他們滿足於依賴他人，以一種表面不利的因素來維持自己的有利地位。

巴爾札克的故事很好地說明了這個現象——表面上不利的因素經常會轉換為實際上有利的因素。這個故事裡，有兩個商人，他們都想在交易中得到最大利益。在討價還價的過程中，其中一個商人開始結巴。不結巴的那個商人吃驚地發現，結巴的商人是在利用結巴為自己作決定贏得更多的時間。他很快找到了應對的辦法——突然之間，他就聽不見了。這樣，結巴的商人就處於不利的地位了。因為他必須大聲說話讓對方聽見，這樣就很累。因此，他們之間又平等了。

雖然結巴者有時候利用結巴爲自己贏得時間或讓別人等待，但我們卻不應該像對待罪犯那樣對待他們。我們應該鼓勵結巴的兒童，溫和地對待他們。只有友善地開導他們，慢慢提升他們的勇氣，結巴的兒童才可能被成功治癒。

第五章

自卑情結

每個個體都努力追求卓越，同時又懷有自卑感。我們努力追求卓越是因爲我們感到自卑；我們試圖成功超越當前的處境，以克服自卑感。然而，除非追求卓越的途徑受阻，或對器官自卑的心理反應超出了可承受的範疇，否則，自卑感就不會成爲心理問題。當自卑感成爲心理問題時，我們就有了自卑情結——即一種非常態的自卑感，這一方面必然促使我們尋求某種輕而易舉就能獲得的補償，和某些華而不實的滿足感，以獲得心理上的輕鬆和平衡；另一方面，由於誇大了困難和阻礙，因而減少了面對困難的勇氣，自卑情結會妨礙人們獲取眞正的成功。

我們再來看看那個有口吃的十三歲男孩的案例。我們知道，他口吃的部分原因在於對自己喪失了信心，而口吃又使他更加沮喪。這樣，就會形成神經官能症的惡性循環。男孩想把眞實的自己隱藏起來。他已經放棄了自己，甚至可能有過自殺的念頭。口吃已經成了他的一種表達方式和持續的生活模式。口吃對他的環境產生了影響，使他受到別人的關注，因而緩解了心理上的不安。

這個男孩給自己設定的目標——實現自身價值，有所成就——在有時候是過高的，並且是錯誤的。他總想做個好孩子，因此他必須表現良好，和別人相處融洽，並能井井有條地完成自己的事情。因爲過於看重這些，他覺得自己必須有一個藉口或理由，這樣，他萬一失敗了，也可以有一個解釋，這個理由就是口吃。這個男孩的案例具有重要的意義，因爲他大部分的生活處於良好的、有意義的狀態，只是在某一階段他的判斷出現了偏差，勇氣也消退了。

當然，當兒童不相信能依靠自己的能力和力量獲得成功的時候，他們會有無數的方法來隱藏眞實的情況，爲自己找好退路，而口吃只是方法之一。這些武器和大自然給予動物的諸如爪子、角之類的武器類似。很明顯，這些武器源自兒童的脆弱，沒有這些外在的武器，面對生活難題時他們會陷入絕望無助的境地，而這些武器的數量也是驚人的。有些孩子除了大小便失控之外想不出別的方法了。不能控制大小便表明他們想停留在嬰兒時期，因爲在這個時期沒有事情是必須完成的，也沒有痛苦。這些兒童一般都沒有腸道或膀胱等器官方面的問題。他們只是想借助這些事情來喚起父母和教育者的同情，儘管有時候這樣做會招來同伴的嘲笑。因此，兒童這樣的表現不應該被視爲疾病，而是自卑情結的表現，或者表明兒童追求卓越的努力和勇氣已經瀕臨放棄。

我們可以想像結巴是如何從一個很小的生理方面的問題發展而來的。很長一段時間，男孩都是家裡唯一的孩子，母親全心全意地照顧他。長大以後，他可能發現自己得到的關注不夠了，表現的機會也沒有了。因此，他就想出新的辦法來使自己得到關注。結巴另外還有更大的意義是：他發現與他說話的人都會關注他的嘴巴。這樣，透過結巴，他就能保證自己獲得家人的一些時間和關注，否則，家人可能就只關注更小的弟弟了。

在學校的情況也是如此。他發現老師關注他的時間很多。結果，由於結巴，他在學校和家裡都獲得了優越地位。他得到了所有優秀學生才可以獲得的關注，這正是他夢寐以求的。當然，他是一個好學生，但不管怎麼樣，事情似乎變得更容易了。

另一方面，雖然結巴可能使老師對他更寬容，卻絕不是上策。因爲當男孩沒有得到他預想中應該得到的關注時，將比其他人受到更爲嚴重的傷害。事實上，確保自己受到關注是弟弟出生後男孩的心病。他只把母親當成是家裡最重要的人，對其他人採取排斥的態度。因此，他沒有像正常兒童那樣形成與他人交往的能力。

對這些孩子進行治療，最先要做的是提升他們的勇氣，使他們相信自己的力量和能力。當然，以同情的態度與他們建立友好的關係，而不是用嚴厲的措施嚇唬他們，但這還不夠。我們必須用這種友好的關係鼓勵他們持續提升自己。要做到這一點，就必須使他們更獨立，用各種方法確保他們相信自己精神和身體方面的能力。我們要使他們相信，只要勤奮、堅持、實踐和勇敢，他們就能輕而易舉地獲得他們希望獲得的一切。

對於那些已經誤入歧途的孩子，最可怕的錯誤是父母和教育者預言孩子不會有什麼好的結果。毫無疑問，這種愚蠢的預言會使情況更糟，因爲這使孩子更加懦弱和膽怯。我們應該說的恰恰是相反的話，應該樂觀地鼓勵孩子。就如詩人維吉爾（Virgil）[1]所說：「他們能做到，因爲他們相信自己能做到。」

雖然有些孩子因爲害怕被嘲笑似乎會改變其不良行爲，但認爲透過羞辱或貶低兒童能眞正改善他們的行爲簡直是無稽之談。透過下面的例子我們就能知道這種方法有多麼不合適。有一個男孩因爲不會游泳總是被朋友取笑。最後，他終於無法再忍受這種嘲笑，從跳水板上跳入了深水區，人們花了九牛二虎之力才把他從水裡救出來。有時候，懦弱膽小的人會爲了岌岌可危的名譽而採取行動來消除自己的懦弱，但這些行爲往往是不恰當的極端行爲，通常是以怯懦的、無意義的方式，正好證明了他原本的懦弱，就如同我們在剛才的例子裡所看到的。男孩眞正懦弱的地方是他不敢承認自己不會游泳，因爲他擔心那樣做會失去朋友及被人取笑。在絕望中跳入深水區並不能治癒他的懦弱，反而會強化他不敢面對事實的懦弱程度。

【1】譯者注：維吉爾（西元前70—西元前19），奧古斯都時代的古羅馬詩人。作品有《牧歌》（*Eclogues*）、《農事詩》（*Georgics*）、史詩《埃涅阿斯紀》（*The Aeneid*）等。

懦弱這個性格特徵總是會破壞人際關係，總是擔心自己而無暇顧及他人的兒童會犧牲同伴的利益來獲取自己的聲譽。因此，雖然懦弱的人根本做不到不在乎別人的看法，但伴隨懦弱而來的個人主義、好勝心態度會使他們摒棄社會情感。懦弱的人總是害怕遭到別人嘲笑，害怕被忽略或貶低而失去存在感。因此，他總是受他人觀點的控制和擺布。他就像一個住在敵對國家的人，形成了多疑、嫉妒、自私的性格特徵。

這類懦弱的兒童經常會變成挑剔、抱怨的人，不願表揚別人，當別人受到表揚的時候會產生怨恨之心。因此，當一個人想透過貶低別人而非提升自己來超越別人時，就表明這個人是懦弱的。意識到了這些症狀，教育者的教學任務是消除兒童對他人的敵意。我們當然可以原諒那些還沒有意識到這一點的教育者，但是他們可能永遠也找不到糾正這些不良性格特徵的方法。當我們知道問題的關鍵在於讓兒童與世界和生活達成和解，明白自己的錯誤之處在於他想獲得好的聲譽，但卻不想付出努力，我們也就知道應該如何教育這些兒童了。我們應該強化兒童之間應有的友好關係；教育兒童不要因爲別人分數低或做錯了事而看不起別人。否則，教育者就會強化兒童的自卑情結，使他們喪失勇氣。

當兒童對未來喪失希望，他們就會逃離現實世界，轉而在一些無意義的活動中努力獲得一種虛無的補償。教育者最重要的任務，甚至可以說他的神聖職責，是保證所有的兒童在學校都不會喪失信心，並且讓那些在入學之前已經心灰意冷的兒童能在學校和老師的幫助下重拾信心。這和教育者的使命是齊頭並進的，除非兒童對未來充滿希望和喜悅，否則任何教育都不可能進行。

有些兒童的沮喪只是暫時的，特別是那些野心勃勃的孩子，這些孩子雖然一直在進步，但有時會喪失希望，因爲他們已經通過了最後一次學校考試，必須開始選擇工作。也有一些野心勃勃的孩子經常會因爲沒有在考試中取得優等成績而暫時喪失鬥志。潛意識中積蓄已久的衝突和矛盾會突然爆發出來。這些兒童可能會陷入完全混亂之中，或者出現焦慮症。如果不及時干預兒童的沮喪心理，他們今後做事將會虎頭蛇尾。長大之後，他們會頻繁更換工作，不相信自己會得到任何美好的結果，總是擔心失敗。

因此，兒童的自我評價極爲重要。然而，我們不可能透過詢問兒童來獲取他們的自我評價。無論如何巧妙地詢問他們，我們得到的答案都是不確定的、不可靠的。有些孩子會說他們對自己相當滿意，另外一些孩子則認爲自己一文不值。對後一種情況的研究經常顯示，這些兒童身邊的成年人曾無數次對他們說「你一無是處」，或者「你很愚笨」。

幾乎沒有兒童能在聽到這麼嚴厲、尖刻的指責後不受傷害。然而，有一些孩子會透過低估自己的能力來保護自我。

雖然詢問不能獲得兒童的自我評價，但我們可以透過觀察他們處理問題的方式獲得一些資訊。例如：他是以自信、堅決的方式勇往直前，還是表現得優柔寡斷、躊躇不前——這是絕大多數沒有信心的兒童經常有的一些行爲。我們可以透過一個例子來說明這種情況。一個孩子，剛開始的時候表現得勇往直前，但愈接近完成任務，他就愈遲疑和躊躇，最後會在離完成任務還有一定距離的時候完全停下來。這些孩子有時候被認爲是懶惰，有時候被認爲是心不在焉。對他們的描述可能不一樣，但結果卻是一樣的。這些兒童不像我們期待的那樣，如正常兒童一樣處理問題，而是忙於排除各種障礙。有時候他們甚至使成人錯誤地認爲他們能力不夠。當我們用個體心理學的原則從總體上來看這個問題時就會發現，問題的關鍵是他們缺乏信心，或者說他們低估了自己的能力。

一個完全只考慮自己的個體是社會中的異類，這也是追求卓越的錯誤方向之一。我們經常看到，有些孩子因爲追求卓越的心理過於強烈，完全不考慮他人。他們極不友善，經常違反法律，而且貪婪、自私。當他們發現了他人祕密的時候，總是會用這些祕密來傷害其他人。

但在這些問題兒童身上我們發現了一個明顯的人格特徵：他們都有某種程度的人群歸屬感。雖然他們的生活方式中愈沒有合作的概念，就愈難以獲得社會情感，但是他們的自我與周圍世界的關係，總是以或隱諱或明白的方式表達出來，我們必須尋找那些能顯露兒童隱藏的自卑感的表達方式。這些表達方式不計其數，最常見的是兒童的眼神。眼睛不僅僅是吸收並傳導光線的器官，也是社會交流的器官。一個人看別人的眼神表明了他與其他人發生聯繫的意願。這也是爲什麼那麼多心理學家和作家都強調眼神的重要性。我們都是透過別人看我們的方式來判斷他對我們的看法的，也是透過別人的眼神來了解他的心靈。雖然有可能誤差或產生誤解，但我們還是能輕而易舉地在大致上透過眼神來判斷兒童是否友好。

我們都知道，不敢與成人對視的兒童更讓人懷疑。這些兒童不一定是問心有愧或有不良的行爲習慣。這種眼神的游離可能只是表明他們試圖避免與他人接觸，哪怕只是短暫的接觸，這說明他們想逃離同伴的社會群體。當我們招呼小孩過來時，他們靠近我們的距離也可以表明他們與社會接觸的意願。很多孩子都會保持一定的距離，他們會先弄明白狀況，很有必要的時候才會靠近人。這些兒童對與人的親密接觸持懷疑態度，因爲他們曾經在與別人近距離的接觸中有不好的體驗，從中總結出了一些片面的經驗，並錯誤地用於人際交往中。觀察兒童喜歡靠著誰——媽媽還是老師——也是非常有趣的事情。他更願意靠近的那個人比他嘴裡說最愛的那個人要重要得多。

有些孩子走路時抬頭挺胸，說話時聲音堅定、毫不膽怯，從中可以看出他們非常自信、勇敢。有些孩子一跟別人講話就緊張、害怕、畏縮，立馬就顯示出了他們的自卑感，以及不能應對局面的恐懼感。

在調查自卑情結的時候，我們發現很多人相信自卑是天生的。反對自卑天生論的人卻認爲，無論多勇敢的孩子都可能變得膽小怯懦。父母本身都膽小的兒童很有可能也很膽小，但不是因爲他天生膽小，而是因爲他一直處於一種充滿害怕和恐懼的氛圍中。在兒童成長過程中，家庭氛圍和父母的性格特徵是最重要的。在學校不善交際的兒童更有可能來自那些沒有多少人際交往的家庭。在這種情況下，我們很容易認爲這些特徵是遺傳的，但這個理論已經被推翻了。器官或大腦生理結構的變化並不能使人喪失交往能力，然而，有些事實雖然不能使孩子形成不願與人交往的態度，但卻能較好地解釋這種性格出現的原因。

有關兒童器官缺陷的例子能以最簡單的方式使我們從理論上明白這一點。這些兒童生病時間長，因爲病痛和虛弱而倍感生活的煩惱和壓抑。這些兒童非常關注自我，認爲外在世界充滿艱辛和敵意。這種情況下還有一個不利因素會產生作用，虛弱的兒童必須找到一個能使他生活得更舒適、輕鬆的人，這個人會全心全意地關心他；這種全心全意的奉獻和保護的態度使兒童形成了強烈的自卑感。由於兒童和成人在體格和力量方面都存在差距，因此，所有兒童都有一定程度的自卑感。而這種「低人一等」的感覺在「大人講話，小孩不要插嘴」、「小孩有耳無嘴」等的情況下（這種情況並不罕見）很容易被強化。

所有這些印象使兒童更加確信自己處於不利的地位，而兒童不甘心自己比別人渺小和虛弱，兒童愈認爲自己渺小和虛弱，就會愈努力使自己變得強大。還有一個因素也會促使兒童努力獲得他人的認可——他不是努力安排自己的生活，使其與周圍人的生活協調一致，而是創造出一種新的模式，即「只考慮自己」。這也是不愛與人交往的兒童的表現。

可以說，大多數虛弱、殘疾、醜陋的兒童都有強烈的自卑感，這個自卑感通常以兩種極端的方式表達出來，他們要麼膽怯羞澀，跟人說話的時候畏縮、退卻；要麼咄咄逼人。這兩種行爲方式看起來毫不相干，但可能源自於同一種原因。在努力獲得認同的過程中，這些兒童要麼說得太少，要麼說得太多，從而暴露了其自卑的內心。他們的社會情感都是無效的，要麼因爲他們對生活沒有期望，並認爲自己無法給予別人任何東西；要麼因爲他們把社會情感作爲達到個人目的的手段。他們總想成爲領導者，想一直處於被關注的中心人物。

如果兒童錯誤的行爲模式已經持續了很多年，一次簡單的談話是不可能改變這個行爲模式的，因此，教育者必須有耐心。當兒童在努力提升自己的過程中偶爾遭遇失敗時，教育者應該告訴他們，努力提升的結果可能沒有那麼快顯現出來。這會使兒童平靜下來，不會心灰意冷。如果一個孩子在數學方面表現欠佳已有兩年之久，我們不可能期待他在兩周之內彌補所有的不足，但無可爭議的是，他肯定可以趕上來。正常的兒童，即沒有喪失信心的兒童，能彌補任何事情。我們一次又一次地看到，兒童的能力不足是因爲沿著錯誤的方向發展，形成了怪異的、笨拙的、粗魯的整體人格。只要他們智力正常，我們就有可能幫助那些有行爲偏差的兒童。

無能或表面上的愚蠢、笨拙、冷漠都不能充分證明兒童是弱智。弱智的兒童總有大腦發育方面的問題。這些生理缺陷一般是由腺體引起的大腦發育遲緩。有時候，隨著時間的流逝，生理缺陷會消失，留下的只是生理缺陷導致的心理痕跡。也就是說，一個原本身體虛弱的兒童在其身體變強壯之後會繼續原來的行爲模式，彷彿他的身體還是很虛弱。

我們甚至應該走得更遠。不僅器官缺陷和身體虛弱可能導致心理上的自卑和以自我爲中心的態度，與器官缺陷完全無關的條件也可能導致這個狀況的發生。如錯誤的養育方式，或養育非常嚴厲、缺乏關愛。在這些情況下，生活對於孩子來說就只是苦難，孩子對周圍環境會形成敵對的態度，即使和器官缺陷帶來的心理影響不一樣，其效果也是非常相似的。

不可避免的是，要治療這些在缺乏關愛的環境中長大的孩子非常困難，他們會把我們等同於那些傷害他們的人；鼓勵他們上學在他們看來就是壓迫他們。他們總覺得自己受到約束，因此，只要有可能，總想盡力反抗。因爲他們嫉妒同伴有更幸福的童年，因此，他們無法以正確的態度對待同伴。

這些飽受痛苦的兒童經常成爲喜歡破壞別人生活的人，他們沒有足夠的勇氣克服環境帶來的傷害，因此，他們試圖透過壓制更弱小的人或透過表面的友好使自己優於別人，以彌補自我缺失感。然而，這種對他人的友好往往只能持續到別人願意爲其所主宰爲止。很多孩子甚至只和比自己境遇更差的人交朋友，就如有些成人特別喜歡那些受苦受難的人一樣。或者，他們會偏愛更年幼、更貧窮的兒童。有時候男孩會特別喜歡溫柔、順從的女孩，而這和性吸引沒有關係。

第六章

兒童的發展：預防自卑情結

如果兒童學走路的時間特別長，只要一旦學會就能正常走路，他不會因此產生自卑情結。但是，我們知道，自由活動受限會對一個其他方面都正常的兒童精神發展造成重大影響。他會感覺環境不那麼友好、愉悅，很可能導致其形成悲觀的態度，這個態度又可能支配將來的行爲模式，即使最初的生理方面的缺陷已經消失了也是如此。很多曾經得過佝僂病的兒童在疾病治癒之後還是留有佝僂病的痕跡；還有其他很多疾病的情況也是如此，如羅圈腿（O型腿）、笨拙、肺積水、頭部畸形（如方顱）、脊椎側彎、腳踝腫大、關節無力、姿勢不良等。疾病期間形成的挫敗感會對兒童心理造成長遠的影響，使他們在將來的人生中抱持悲觀態度。這些兒童看到同伴做事是如此輕而易舉，就會被自卑感所壓抑。他們會低估自己的能力，要麼完全喪失信心，幾乎不去嘗試採取行動使自己進步；要麼被令人絕望的困境所激勵，不顧自己身體的缺陷去追趕正常的同伴。很明顯，兒童還沒有足夠的能力對其所處的情境作出正確的判斷。

值得注意的是，決定兒童發展的既不是天生的能力，也不是客觀的環境，而是兒童對外部現實及其與自身關係的理解。兒童天生的潛能並不是最重要的，成人對兒童狀況的判斷和評價也微不足道，最關鍵的是，我們要以兒童的角度來看待他的處境，並以兒童錯誤的判斷爲基礎來解釋這個狀況。我們絕不能假設兒童的行爲都是符合邏輯的，也就是說，兒童是根據成人的常識來行動的。但我們必須承認，兒童對自身狀態的理解有時是錯誤的。確實，我們不應該忘記的是，如果兒童不犯錯，那兒童教育就沒有存在的必要。如果兒童所犯的錯誤是天生的，那我們也不可能教育或提升兒童。因此，那些相信內在性格特徵的人不可能，也不應該從事兒童教育。

兒童身體健康並不能保證其精神一定是健康的。一方面，如果兒童有足夠的勇氣面對自己的生理缺陷，他們的精神也可能獲得正常發展。另一方面，即使兒童身體健康，但由於環境的不利影響，使其對自身能力形成了錯誤的理解，其精神發展也可能不正常。無法成功完成某項任務經常導致兒童認爲自己是無能的，因爲這樣的兒童對困難特別敏感，每一個困難都使他們更加確信自己的無能。

一些肢體運動有障礙的兒童在學說話方面也存在困難。通常來說，學說話是和學走路是同步的。當然，這兩者並沒有實質性的關聯，而是由於對兒童的養育方式及家庭環境造成的。有些兒童其他方面正常，但不能說話，是因爲家庭沒有給予其必要的幫助。但是，很明顯，任何聽力正常、發聲器官正常的兒童都會在早期學說話。在有些情況下，特別是當有些兒童非常擅長視覺感知時，學說話可能會延後。但在另外一些情況下卻是由於父母過於溺愛兒童，代替他們說出了所有想說的話，而沒有讓兒童嘗試自己去表達。這些兒童學說話特別晚，有時我們會誤以爲他們聽力有問題。當他們終於學會說話之後，他們說話的欲望會特別強烈，很多甚至後來成了演說家。著名作曲家舒曼的妻子克拉拉（Klara Schumann）直到四歲才開始學說話，八歲的時候還只能說少量的辭彙。她是一個特別的孩子，非常沉默，喜歡在廚房蹓躂。由此我們也可以推斷，她很少受到打擾。她父親說：「奇怪的是，這種明顯的精神障礙是她之後極其和諧的生命的開端。」這是一個過度補償的例子。

對那些在特殊學校接受教育的聾啞兒童我們也要特別謹慎，因爲愈來愈多的事實證明，聽力完全喪失的情況是非常罕見的。不論兒童的聽力有多微弱，我們都應該將其發展到最好。羅斯托克（Rostock）的卡茨（Katz）教授證明，他能將那些被認爲是沒有音樂能力的兒童訓練到能充分欣賞音樂和聲音之美。

有時候，兒童在其他各科目都表現優秀，但有一門課程（通常是數學）卻表現極差，便會因此開始懷疑自己愚笨。數學成績差的兒童很有可能在一某段時間內會對數學產生恐懼情緒，徹底喪失信心，不會採取任何行動來補救。有些家庭（有些是藝術家的家庭）以不擅長數學爲驕傲。另外，通常認爲，數學對於女孩比對男孩來說更難。但這個普遍流行的觀點卻是錯誤的。有很多女性是很優秀的數學家和統計學專家。女生經常聽到人們說「男生的數學比女生好」，這種言論會使女生對數學心灰意冷。

兒童能否使用數字是重要的跡象，數學是少數幾個能給予人安全感的知識領域。數學是觀念的運算，透過數位，數學使周圍環境中混亂的因素變得井井有條，具有強烈不安全感的人通常數學都不好。

這種情況也適用於其他科目。寫作能給人以安全感，因為寫作是聲音的文字表現形式，只有具有內在知覺的人才會喜歡寫作。繪畫使轉瞬即逝的光影印象變成永恆。體操和舞蹈透過對身體的自由控制而使人獲得生理上的安全感，特別是，還會使人獲得一些精神上的安全感。這可能就是為什麼那麼多教育者認為體育在教育中具有重要意義。

兒童很難學會游泳是自卑感明顯的表現。如果兒童能輕而易舉地學會游泳，表明他也能克服其他困難。兒童很難學會游泳說明他對自己沒有信心，對教練沒有信心。值得注意的是，很多兒童開始學游泳的時候感覺很困難，但後來卻成了游泳健將。這些兒童對原初的困難很敏感，但被一個完美的目標所激勵，因而經常能成為游泳冠軍。

問題一：是了解兒童是特別依戀一個人還是對多人感興趣非常重要。一般來說，兒童會特別依戀母親；或者，如果沒法依戀母親，就會依戀另一個家庭成員。除了低能兒和智力有問題的兒童，其他所有的兒童都會表現出這種依戀傾向。如果兒童是由母親撫養的，卻依戀其他人，就必須找出其中的原因。很明顯，所有兒童都不應該只依戀和關注母親，因爲母親最重要的職責是使兒童有興趣、有信心和同伴玩樂。祖父母在兒童的發展中也扮演著重要的角色，但通常是溺愛的角色。其原因在於老年人總擔心自己不再有用，從而產生過度的自卑感。結果，他們要麼絮絮叨叨，批評這批評那；要麼仁慈無比，寬厚祥和。爲了顯示自己的重要性，他們對兒童有求必應。由於在祖父母家得到了各種寵愛，可以爲所欲爲，兒童會拒絕回自己家，因爲家裡有更多的紀律和約束。回到家後，他們會抱怨家裡不如祖父母家好。我們這裡提及祖父母在兒童生活中作用的目的，是使教育者在研究某一特殊兒童的行爲方式時，不會忽略這個重要事實。

問題二：是由於佝僂病導致的動作笨拙及在長時間內沒有進步，一般意味著兒童得到了太多的關注和照顧，因此被寵壞了。即使兒童生病了，需要特別的關注，明智的母親也不應該抹殺其獨立性。

問題三：是兒童是否惹了很多麻煩，這是很重要的問題。如果事實是兒童經常惹麻煩，我們就可以肯定媽媽和孩子的關係太親密了。媽媽沒有成功地培養兒童的獨立性。兒童一般最愛在以下情況中惹麻煩：準備睡覺或起床的時候，吃飯、盥洗的時候，做惡夢的時候，或者尿床的時候。所有這些症狀都表明他想獲得某個人的關注。這些症狀會一個接一個地出現，就好像兒童在爭取大人關注的過程中發現了一個又一個武器。可以肯定的是，當兒童表現出這些症狀的時候，他們的處境肯定是很糟糕。在這種情況下，懲罰是於事無補的，況且，爲了證明懲罰是無效的，兒童經常挑釁父母，讓父母懲罰他們。

有一個特別重要的問題涉及兒童的智力發展。有時候很難判斷兒童的智力，因此，有人建議去進行比奈（Binet）測試；但是，這個測試的結果並不必然可靠的。事實上，所有的智力測試結果都不是必然可靠的，因此，不應該將其作爲兒童整體生活恆定的影響因素。一般來說，智商的發展大部分受家庭環境的影響。好的家庭環境能給予兒童更多的幫助，身體發育良好的兒童一般而言精神發展也較好。不幸的是，那些精神發展良好的兒童一般被預設會到「有品質的工作」或較好的工作，而那些發育緩慢的兒童則被指派去做卑微的工作。我們觀察到，在很多國家新引入的、爲弱智兒童特別設置的班級系統中，大多數兒童都來自貧困家庭。我們的結論是：如果這些兒童所處的環境更好，毫無疑問他們是可以與現在這些幸運地生活在富裕家庭的兒童競爭的。

研究的另一個重點是兒童是否曾經是別人嘲笑的對象或因別人的戲弄而沮喪萬分。有些兒童能承受這樣的挫折，有些則會因此而喪失勇氣，從此逃避具有一定難度的、有意義的事情，轉而關注外在的東西，這表明他們已經對自己喪失了信心。如果兒童經常與別人爭吵，害怕如果自己不主動出擊的話就會被別人攻擊，表明其處於一種敵對的環境中。這些兒童桀驁不馴，認爲順從就是投降。別人和他們打招呼，他們總是粗魯地回應，並認爲禮貌是降低自己的身分。他們從不抱怨，因爲他們把別人的同情當成對自己的羞辱。他們在他人面前從不哭泣，甚至有時候在應該哭的時候大笑不止，似乎感覺不到痛苦和悲傷，但其實他們只是在隱藏自己的脆弱。所有粗暴行爲的背後都隱藏著脆弱，眞正強大的人是不會有粗暴行爲的。這些不聽話的兒童經常衛生習慣不佳，粗心大意，喜歡咬指甲、挖鼻孔，而且非常固執。我們應該鼓勵他們，並且讓他們明白，他們的這些行爲只是表明了他們害怕別人知道自己是懦弱的人。

問題四：兒童是否容易與人交朋友或對人是否友好，是領導者還是跟隨者，都與他的交往能力相關，也就是說，與其社會情感或挫折感的程度相關，也與他遵從或統治的欲望相關。如果兒童將自己與他人隔絕開來，這表明他的自信心不夠強大，不敢與別人競爭。他對優越感的追求如此強烈，因此他很害怕在比較中自己低人一等。如果兒童喜歡蒐集物品，這說明他們想使自己變得強大，並超越別人。這種蒐集的習慣是比較危險的，因爲它很容易過火，使兒童野心膨脹，甚至變得貪婪，野心和貪婪通常是那些感覺虛弱的人爲自己尋找的支撐點。這些兒童感覺自己受到忽略或忽視，在他們眼裡關注是最重要的，因此他們很容易產生偷竊行爲。

問題五：與兒童對學校的態度相關。我們要關注兒童上學是否遲到，對上學是否感到興奮（興奮一般說明他願意上學）。兒童面對一定情境時的恐懼和害怕有多種表現形式。如做作業時焦躁、易怒；他們拚命學習，使自己進入緊張狀態，出現類似心悸、腸胃不舒服的症狀。某些特定的表現方式可能導致生理器官的改變，如性衝動。針對兒童的評分系統是存在缺陷的，如果我們不是以分數爲標準對兒童進行分類的話，他們的負擔會減輕很多。學校變成了測驗或考試的代名詞，好的分數成爲兒童必然追求的目標，而差的分數就如判官一樣長期宣判了兒童的無能。

兒童是自願做作業，還是被迫做作業？兒童忘記做作業說明他有逃避責任的可能。因爲兒童想做別的事情，所以有時候他會以糟糕的作業及對作業的不耐煩來逃避上學。

兒童懶惰嗎？當兒童在學校成績不如意時，他們更願意相信是因爲自己懶惰，而不是無能。如果一個一向懶惰的孩子很好地完成了一項任務，他必然會受到表揚，會聽到人們這樣說：「如果他不那麼懶，他一定很有出息。」孩子對這個說法很是滿意，因爲他相信不用再證明自己的能力了。這種情況也適用於以下情況的兒童：缺乏勇氣的懶惰兒童、不能專注的兒童、習慣於依賴別人的兒童，以及經常透過在課堂上搗亂來獲得關注的被寵壞的兒童。

兒童是如何看待老師的？這個問題很難回答。兒童經常會將對老師的眞實感情和態度隱藏起來。如果兒童總是批評、羞辱同學，我們就可能認爲他具有貶低別人的傾向，表明他不夠自信。這些兒童通常狂妄自大，滿腹牢騷，總是顯得比別人博學，這些態度掩蓋了其自身的軟弱。

更難處理的是那些冷漠、對什麼都無動於衷、消極的孩子。他們也是戴著面具的，因爲他們並不像他們所表現出來的那樣冷漠和無情。當這些兒童被逼得走投無路的時候，他們要麼怒不可遏、暴跳如雷，要麼企圖自殺。除非被命令，否則他們是不會有任何行動的。他們非常害怕失敗，對別人過於在意，他們需要自信及勇氣。

在體育或體操方面爭強好勝的兒童一般來說在其他方面也有雄心壯志，只是他們擔心失敗。如果一個兒童的閱讀量比同樣年紀的兒童大很多，一般表明他缺乏足夠的勇氣，希望透過閱讀來獲得力量。這些兒童具有豐富的想像力，但面對現實時往往膽小懦弱。我們也應該關注兒童偏愛什麼類書：是小說、童話故事、遊記，還是眞實的、科學的作品。青春期的兒童一般喜歡色情書籍，很不幸的是，在各大城市，書店都喜歡出售這類書籍。日益增強的性衝動和渴望體驗性生活使他們的關注點都在這一方面。下面這些方法可以用來消除這些不良影響：讓兒童對夥伴這個角色有所準備，在很早的時候就明確性別角色，與父母建立友好關係。

問題六：與家庭狀況相關。家裡人是否罹患疾病，如酗酒、精神病、肺結核、梅毒、癲癇等。了解兒童整體健康狀況的歷史也很重要。由於扁桃腺增大，有些兒童不能如正常人一樣用鼻子呼吸，而是用嘴呼吸，因而經常顯得很愚蠢。這種情況最重要的是透過手術矯正，有時候兒童相信手術能幫助他們，這使得他們在返回學校的時候更有勇氣面對學校生活。

家庭成員的不健康狀態經常會影響兒童的進步，父母長期生病會讓孩子背上沉重的包袱，焦慮的精神失調壓迫著整個家庭。只要有可能，兒童就不應該知道家庭成員在經受精神病的折磨。精神病會使整個家庭蒙上陰影，因爲人們迷信精神病會遺傳，肺結核和癌症的情況也是如此。所有這些疾病都會給兒童留下可怕的印象，因此，有時把兒童帶離這樣的家庭氛圍是更爲明智的做法。慢性酒精中毒或犯罪傾向如毒藥一般在家庭裡陰魂不散，兒童很難抵制。然而，如何安置從這些家庭出來的兒童是一大難題。癲癇病患者通常焦躁易怒，會破壞家庭生活的和諧，但更麻煩的是梅毒，父母感染梅毒的孩子通常非常虛弱，他們由於遺傳而感染梅毒，覺得生存舉步維艱。

不可忽視的是，家庭的物質條件會影響兒童對生活的觀念，與家境好的兒童相比，貧窮使兒童具有更多的不滿足感。如果家庭經濟出現問題，中等家庭的兒童在失去了習以爲常的舒適環境後會發覺很難適應。如果祖父母經濟狀況比父母好的話情況會更糟，就如彼得·根特（Peter Ghent）的案例所展示的那樣，他總認爲祖父母無所不能，而他父親則一事無成。作爲反抗，懶惰的父親通常會有勤奮的兒子。

如果兒童毫無準備，他們第一次面對死亡的經歷經常會影響整個人生，對死亡沒有概念的兒童突然面對死亡時，第一次意識到生命是會結束的。這可能使兒童完全喪失信心，或至少使他膽小懦弱。透過閱讀醫生的自傳，我們經常發現他們成爲醫生的原因是曾經突然面對死亡，說明意識到死亡對兒童有深刻的影響。我們不建議讓兒童背上這個包袱，因爲他們還不能完全理解死亡，孤兒及繼子女經常把自己的不快樂歸究於父母的早亡。

了解誰是一家之主非常重要，一般來說，一家之主都是父親。如果是母親或繼母當家做主，會有異常的結果，父親通常會失去孩子的尊敬。如果母親強勢，她的兒子通常會在一定程度上對女性有恐懼情緒，而且很難擺脫。這些男人要麼對女人退避三舍，要麼讓家裡的女人生活得不快樂。

我們還需要進一步了解對兒童的教養是嚴格的還是溫和的，個體心理學認爲，教養兒童不是必然要使用嚴格或溫和的方法，最重要的是理解兒童，避免犯錯，並不斷鼓勵他們面對問題、解決問題，發展其社會情感。父母指責兒童會對他們造成傷害，因爲這會使他們逐漸喪失信心。溺愛兒童會使兒童嚴重依賴別人，總是依戀某一個人。父母既不應該過於樂觀地講述現實，也不應過於悲觀地描述現狀。父母的職責在於使兒童盡量作好生活的準備，使他們能自食其力。沒有學會如何克服困難的兒童會逃避所有困難，這使得他們的活動範圍愈來愈狹窄。

了解由誰來照顧兒童很重要，母親不必時時刻刻和孩子在一起，但她必須了解照顧孩子的人。教育兒童最好的方法是使他們透過推理從經驗中學習，這樣，引導兒童行爲的就不是別人強加給他的限制，而是對事實的推理。

問題七：有關兒童在家庭中的位置，最能說明兒童的性格，獨生子女情況比較特殊。另外，家裡最小的孩子、一群女孩中的男孩和一群男孩中的女孩都比較特殊。

問題八：有關職業選擇。這個問題非常重要，因爲它表明了環境的影響、兒童的勇氣、社會情感及其生命的節奏。白日夢（問題九）是有意義的，童年回憶（問題十）也是如此。善於解讀童年回憶的人能從中發現人整個的生活方式。夢（問題十一）也表明了兒童發展的方向，表明他是嘗試解決問題還是逃避問題。了解兒童是否有語言缺陷（問題十二）非常重要；另外，還要了解他是醜陋還是漂亮，身材是否標準（問題十三）。

問題十四：是兒童是否會公開討論自己的情況，有些兒童用吹牛來彌補自卑感，另一些兒童則拒絕說話，擔心自己被利用，或者擔心自己暴露弱點，招致其他的傷害。

問題十五：是如果兒童在某一科目上表現得非常突出，如繪畫或音樂，我們就必須以此爲基礎鼓勵他提升其他科目。

如果一個孩子在十五歲時還不知道自己將來想做什麼，說明這個孩子已經完全喪失自信，應該接受相關的治療。我們還必須考慮家庭成員的職業和兄弟姐妹的社會地位，父母不幸福的婚姻會影響兒童整體的發展。教師必須謹慎、全面地了解兒童及其所處的環境，進而根據問卷提供的資訊採取相應的治療措施，努力促進兒童的健康發展。

第七章

社會情感及其發展的障礙

前面章節中我們討論的是兒童對卓越的追求，與此形成對比的是，兒童和成人普遍存在另一種傾向，即與他人聯合、與他人合作完成任務、站在社會的角度來評價自身的意義。最能描述這些表現的莫過於「社會情感」（social feeling）一詞。社會情感的來源是什麼？這是一個有爭議的問題。但就作者目前的發現來看，我們這裡討論的現象與人的本性密切相關。

有人可能會問，在何種意義上這個心理情感比追求卓越的心理傾向更具先天性？這兩者本質上是相通的——追求個體卓越和關心社會具有相同的人性基礎。兩者都表現了人類渴望被肯定的欲望，只是表現的形式不同，而他們不同的表現形式隱含了對人性的不同判斷和假設。因此，追求個體卓越的觀念認爲個體可以脫離群體獨立生活，而關心社會的觀念認爲個體在大致上是依賴群體的。就人性的觀點而言，社會情感的觀點明顯優於個體卓越的觀點。前者呈現了一種更健康、更符合邏輯的世界觀，而後者只是一種膚淺的世界觀，雖然作爲心理現象它在個體生活中出現得更加頻繁。

我們只需要從歷史角度考察人類就會發現，人類一直都是群居的，由此可以知道社會情感是眞實存在的、合乎情理的。進一步思考就會發現，單獨的人類個體事實上是不可能生存的，爲了保護自己，一直以來人類都必須採取群居的生活方式。只要比較人和獅子，我們就會發現，作爲動物物種，人類是相當不安全的。大多數和人類體格相當的動物都比人類強壯，牠們擁有的攻擊和防禦的天生武器也更爲強大。達爾文發現大部分在防禦武器不夠強大的動物都是群居生活。例如：體格特別強壯的猩猩是和伴侶單獨生活的，而猿群中更瘦小的成員總是成群結隊。正如達爾文指出的那樣，群體的形成替代或彌補了個體動物天生缺少的武器——爪子、獠牙、翅膀等等。

群體的形成不但抵消了動物個體缺少的東西，而且使牠們能找到新的方法來保護自己，使自己的處境得到改善。例如：猴群知道如何提前派偵察兵觀察是否有敵人出現。透過這種方式，牠們能充分利用群體的力量，而不僅僅是彌補個體成員的不足。我們也發現，野牛結成群體後能成功抵制比自己強大很多的動物個體的進攻。

研究這個問題的動物社會學家也發現，在這些動物群體中有類似法律的設置。因此，在前面的偵察兵必須遵守某些規則，任何違反這些規則的行爲都會受到群體的懲罰。

有意思的是，在這一方面，很多歷史學家發現，人類最古老的法律都是用來約束部落的看守人的。如果眞是這樣，我們就有理由認爲，群體是由於更弱小、無能的動物爲保護自己而形成的。基本上，社會情感總是表明個體存在生理上的弱點，無法離開群體獨立生活。因此，也許人類形成社會情感最重要的原因在於人類個體的無助及其嬰兒和兒童時期發展的緩慢。

在整個動物界，除了人類以外沒有哪一個物種的幼兒出生時是完全沒有生存能力的。據我們所知，人類後代成熟所需的時間也是最長的。這不是因爲在成年之前兒童必須學會很多事情，而是因爲他們成長的方式。由於身體技能的限制，兒童需要父母照顧的時間比其他動物長很多；如果兒童沒有得到這樣的保護，人類這個物種就可能滅亡。兒童這種生理上的弱點使得教育和社會情感有可能聯繫起來。由於兒童生理不成熟，因此教育就是必需的；而教育的目標受制於以下事實：只有依賴於群體才能克服兒童的不成熟，教育必然是爲社會服務的。

所有有關兒童教育的規則和方法都必須展現群體生活的理念，並展現兒童是如何適應群體生活的。無論我們是否意識到，我們總是更欣賞那些有利於社會和團體的行爲，而不那麼欣賞那些對社會不利或有害的行爲。

我們觀察到的錯誤教育之所以被認爲是錯誤的，是因爲我們認爲這些行爲可能給社會帶來有害的影響。人類的所有偉大的成就，事實上可以說人類能力的發展都是由社會生活的壓力推動，並以社會情感爲發展的方向。

以語言爲例，單獨居住的個體是不需要使用語言的。人類發展出語言無可爭議地表明瞭群體生活的必要性。語言是人們之間天然的聯繫，同時也是人們群體生活的產物。只有從共同體的觀念出發，才有可能揣測或理解語言的意義，單獨生活的個體對語言是沒有興趣的。如果兒童沒有廣泛地參與團體活動，而是在孤立的環境中長大，那麼他的語言能力就會退化。所謂的語言天分只有在與他人的聯繫中才有可能獲得發展。

人們普遍認爲，那些比其他人表達能力更好的兒童只是具有天分，事實卻並非如此，那些說話困難或難以透過語言與人交流的兒童一般都缺乏社會情感，那些學說話學得很差的兒童一般都是被寵壞的兒童，因爲他們的母親在他們開口表達要求之前就已經爲他們做了所有事情。這樣，他們就失去了與人聯繫的機會，也因爲不需要說話而喪失了社會適應的能力。

也有兒童不願說話是因爲他們的父母從來都沒有讓他們把話說完過，也不允許他們自己回答問題；還有一些兒童是因爲被別人嘲笑或諷刺，變得心灰意冷。在兒童教育中，這種頻繁地糾錯或批評的錯誤行爲普遍存在。這樣做的結果是這些兒童在很長時間裡認爲自己低人一等且有自卑感。這些人一般說話前習慣於說：「請不要笑我。」我們經常聽到這樣的話語，馬上就知道這些人在童年時期肯定經常被別人嘲笑。

還有一種情況，父母都是聾啞人士，但孩子卻能聽會說。當他受傷的時候他總是無聲地哭泣，因爲父母只能看見他的痛苦，對哭聲不會有任何反應。

沒有社會情感，人類其他能力的發展也是難以想像的，如理解力和邏輯能力的增長。一個獨居的人是沒有必要有邏輯的，或至少不需要具備比其他動物更高的邏輯能力。另一方面，人總是在和他人打交道，在這個過程中必須使用語言、邏輯和常識，必須發展及獲得社會情感，這是所有邏輯思維的最終目標。

有時候人們的行爲在我們看來非常荒謬，但從其個人目標來看這些行爲時卻是非常明智。如果認爲別人的想法都應該和自己的想法一致，人們就很容易產生這種荒謬的行爲。這說明社會情感或常識在判斷中是何等重要（更不要說如果沒有複雜的社會生活，沒有給個體呈現如此多而複雜的問題，形成常識就是毫無意義的累贅）。我們很容易就可以想到，原始人的邏輯水準之所以處於原始水準，是因爲他們相對簡單的經歷不能刺激他們進行更深入的思考。

社會情感對人類的語言能力和邏輯思維能力（兩種我們幾乎奉爲神聖的能力）極爲重要。如果所有人都嘗試不顧其生活的群體去解決問題，或者使用他自己的語言，社會必然一片混亂。社會情感給予每個個體實實在在的安全感，成爲個體生活的主要支撐。有人堅信，邏輯思考和眞理是人之所以爲人的根源。社會情感可能無法完全等同於這個信念，但卻是這個信念最重要的組成部分。例如：爲什麼數字和計算被所有人廣泛地接受，以至於我們認爲只有用數字表示的時候，事物才是眞正正確的？原因在於數字的運算更有利於與同伴的交流，同時，大腦對數字的運算也更容易。如果我們不能將思想傳達給別人，不能和他人分享思想，我們就會對其眞實性有所懷疑。這一系列的思想毫無疑問也是柏拉圖試圖以數位和數學爲模型來構建哲學的思路。柏拉圖主張哲學家返回「洞穴」，也就是說，要參與同伴的生活，這使我們對數字與社會情感之間的聯繫有了更加清楚的了解。柏拉圖覺得，即使是哲學家，離開來自社會情感的安全感也無法正常生活。

如果兒童缺乏這種安全感的累積，在與他人接觸或必須主動完成某項任務的時候就會「原形畢露」。特別是在學校某些要求客觀、邏輯的思維的科目中會顯示出來，如數學。

關於人類在童年時期做好準備的觀念（如道德感、道德標準等）通常都是單向的。對於一個被判獨自居住的人來說，道德標準是荒謬滑稽的事情。只有考慮到共同體和他人權利的時候，道德才會存在。美感和對藝術作品的偏好似乎不用考慮共同體和他人，不過即使在藝術世界裡，我們一般也會有一致的想法，這些想法很可能以對健康、力量、正確的社會發展的理解爲基礎。基本上，藝術的界限是靈活的、富有彈性的，可能接納更多個人品味的東西。然後，總體而言，即使美學也是要遵循社會的標準。

如何才能知道兒童的社會情感發展到了何種程度？這是一個我們必須回答的實踐性問

題。可以肯定的是，我們必須考慮某些行爲表現。例如：如果兒童在追求卓越的過程中完全不顧及他人的感受，我們就可以肯定，他們比那些避免這樣做的兒童更缺乏社會情感。在現代文明中，所有的兒童基本上都渴望個體的優越，因此，兒童的社會情感通常沒有得到充分的發展。這一直是人類批判學家、古代和現代道德家所批判的——人類的本性是以自我爲中心的，他們更多地考慮自身，而不是他人。對人性的這種批判表現爲一種說教，而這種說教對兒童或成人的影響都是微乎其微的，因爲如果只是說教，任何事情都不可能取得成功，人們最終可能以「每個人都是這樣，都差不多」來安慰自己。

對於那些觀念非常混亂、已經形成有害或犯罪傾向的兒童，我們必須認識到，再多的說教也不會有任何作用。在這種情況下，爲了能根除他們的錯誤觀念，更可取的做法是進一步地研究。也就是說，我們必須不再做判官，而應該成爲他們的同伴或醫生。

如果我們不停地告訴兒童他很壞或很笨，在很短時間內他就會相信我們所說的是對的，從此，他在面對任何問題的時候都會缺乏足夠的勇氣。結果，他做任何事情都會以失敗告終，這使他進一步相信自己很愚笨。兒童不能理解，是原來的環境摧毀了他的自信心，他在無意識中用自己的生活來證明這個虛假的判斷是正確的。這些兒童感覺自己不如同伴能幹，認爲自己的能力和潛力都不如同伴。他的態度清楚地顯示出其沮喪的思想狀態，這個狀態與不利環境對他施加的壓力大小有直接關聯。

個體心理學試圖證明，在兒童所犯的每一個錯誤中都能看到環境的影響。例如：兒童的混亂無序總是因爲有人把他的東西整理得井然有序，撒謊是因爲專制的成人總想透過嚴厲的方式來糾正他們說謊。甚至透過兒童吹牛皮也能發現環境的影響。這些兒童通常更關注自己能否受到表揚，而不是成功完成任務。在追求卓越的過程中，他總是從家庭成員那裡尋求讚美和表揚。

每一個兒童的生活中都有一些情況常常被父母忽略或誤解。因此，在有兄弟姐妹的家庭中，每一個兒童實際上都處於不同的情境中。家裡的老大在一段時間內有獨生子女的獨特地位。第二個出生的孩子就不可能有這種經驗。最小的孩子會經歷很多其他兒童不曾經歷的事情，因爲在一段時間內他是家裡最小最弱的。這些情境會有多種變化形式。如果兩個兄弟或姐妹一起長大，年長的，或更能幹的那個孩子已經克服某些困難，而年幼的兒童還處在這個困難的過程中。年幼的兒童這時處於相對不利的位置，他們能感受到這種不利。爲了彌補這種自卑感，這些兒童可能會更加努力，以超越哥哥或姐姐。

經驗豐富的個體心理學家通常能看出兒童在家庭中的排名。當年長的兒童取得正常的進步時，年幼的兒童被激勵作出更大的努力，以趕上哥哥或姐姐。結果，年幼的兒童一般更積極，也更有進取心。如果哥哥或姐姐很弱或發展緩慢，弟弟或妹妹就不用那麼努力地去競爭了。

因此，確定兒童在家庭中的位置非常重要，因爲只有發現兒童在家庭中的位置才能完全理解兒童。家裡最小的孩子會明顯地表現出最小孩子的特徵。當然，也有例外情況，但一般而言，最小的孩子一般都想超過所有人，永遠都不安分，總認爲他最後應該取得比所有其他人更大的成就，因此總在不斷地進取。這些觀察對於兒童教育非常重要，因爲會限制某些教育方法的適用範圍。我們不可能用同樣的規則來教育所有的兒童。每一個兒童都是特別的，在把兒童歸入一定的類型時，我們必須謹慎地把每個兒童都看成一個個體，這在學校幾乎是不可能實現的，但在家庭裡我們完全可以做到。

最小的孩子在任何事情中都想鶴立雞群、引人注目，在很多情況下他們都能做到。考慮到這一點非常重要，因爲這能大大削弱性格是先天形成的觀念。如果不同家庭中最小的兒童都具有如此多相同的特徵，性格是天生的這個說法就難以令人信服。

和前面所描述的兒童不同，還有一類最小的孩子可能完全相反，他們完全喪失了勇氣，這樣的孩子非常懶惰。表面上看起來完全不同的兩類兒童卻都可以從心理學上得到解釋。與其說是困難挫傷了他們，不如說是想超越所有人的野心使他們傷痕累累。野心使他們悶悶不樂，當困難變得幾乎無法克服時，他們比那些沒那麼有野心的人逃跑得更快。家庭中最小的這兩類兒童印證了拉丁名言「要麼成爲凱撒，要麼成爲草芥」，也就是我們所說的「擁有一切，或者什麼都不是」。

在《聖經》中就有與我們的經驗極爲契合的有關最小孩子的故事，如約瑟夫（Joseph）、大衛(David)、索爾(Saul)等人的故事。有人會反對這個說法，因爲約瑟夫有一個弟弟班傑明（Benjamin）。但班傑明是在約瑟夫十七歲時才出生的，因此，童年時期的約瑟夫是家裡最小的。在生活中，我們經常可以看到是整個家庭供養了家裡最小的孩子。我們不但能在《聖經》中找到證實我們觀點的故事，在神話故事中也可以找到類似的故事。在所有的神話故事中，最小的孩子最終都超越了所有的哥哥和姐姐——在德國、俄羅斯、斯堪的納維亞、中國等國家的神話中，最小的孩子總是征服者。這些不可能都是巧合，而很有可能是因爲在以前，最小孩子的形象比今天更爲突顯。原因很可能在於在早期社會，人們更容易留意到這個情況，因而得到了更好的觀察。

關於兒童在家庭中的排名與其性格的關係我們還可以寫很多，最大的孩子也有許多共同之處，可以分爲兩種或三種主要的類型。

作者對這個問題的研究由來已久，但直到偶然讀到馮塔納（Fontane）[1]自傳中的一段文章，才有豁然開朗之感。馮塔納在書中描寫了他的父親，一個法國移民，參加了波蘭反俄羅斯的戰爭。當他的父親得知一萬波蘭士兵把五萬俄羅斯士兵打得落荒而逃的時候，總是非常開心。馮塔納卻對父親的這種快樂無法理解。相反，他很反對五萬俄羅斯士兵必須比一萬波蘭士兵強的觀點。「如果不是這樣，我就覺得沒什麼可開心的了，因為強者必須永遠是強者。」讀到這一段的時候，我突然得出結論「馮塔納是家裡的老大」。只有老大才會說出這樣的話。老大總是記得當他是家裡唯一的孩子的時候在家裡的有利地位，認為弱者搶奪這個地位是很不公平的。事實上，家裡的老大通常性格比較保守。他們信賴權力、規則和不可違反的規律。他們傾向於坦然接受專制，不會有任何歉意，因為他們曾經擁有權力，因而認為權力非常重要。

前面我們說過，老大也有例外的情況，我們這裡必須提到其中一個到目前為止都被人忽略的童年生活的問題。當弟弟或妹妹出生之後，哥哥就處於一種悲慘的境地了，不用

【1】譯者注：指特奧多爾·馮塔納（1819—1898），德國小說家和詩人，被認為是十九世紀最重要的德國現實主義作家。

提及事情本身，很多關於困惑不已、完全喪失信心的男孩的描述都表明，他們所有的麻煩都是因爲有一個聰明的妹妹。這種情況經常發生，絕非偶然，因爲對此有一個合乎情理的解釋。在現代文明中，人們一般認爲男性比女性更重要。第一個出生的男孩一般會得到萬般寵愛，父母對他期望很高。在妹妹突然到來之前，他在家裡的地位是優越無比的。對於被寵愛的哥哥來說，妹妹是一個入侵者，他會與其抗爭。這個情境激勵妹妹特別努力，如果她的努力沒有成功，這個刺激會影響她的整個生活。妹妹發展得非常快，使哥哥震驚不已，他突然明白，所謂男性優勢只是夢幻一場。他變得不太自信，因爲十四到十六歲的女孩無論是心理還是身體都比男孩發展得更快，他的缺乏自信可能導致完全的失敗。他很容易就喪失了自信，放棄了競爭，爲自己尋找合適的理由或製造一定的困難，並以此爲藉口停止奮鬥。

有很多第一個出生的男孩困惑、無助、不可思議地懶惰或者經常緊張不安，除了有一個妹妹讓他們覺得自己不夠強大，不能與妹妹競爭，我們找不到其他理由來解釋。這些男孩有時候對女性有不可思議的仇恨。他們的命運通常很悲慘，因爲沒什麼人能理解他們的處境，並能給他們解釋。有時候這種情況會非常嚴重，以至於其他家人會抱怨：「爲什麼不顚倒過來？爲什麼男孩不變成女孩，女孩不變成男孩？」

只有姐妹沒有兄弟的男孩也有許多共同特徵，當家裡只有一個男孩，而有很多女孩的時候，家裡的氛圍無疑是女性化的。男孩要麼被家人寵壞，要麼被女孩排斥。這些男孩的發展當然不同，但還是具有一些共同特徵。我們知道，很多人都認爲男孩不能只是由女人來教育，對這個觀念我們不應照單全收，因爲所有男孩最初都是由母親撫養的。但眞正重要的是，男孩不能在女性環境中成長，這並不是反對女性主義，而是反對由這個情形導致的種種不和諧。這對在只有男性環境中成長的女孩也一樣，有些男孩看不起女孩，結果，爲了和男孩平等，女孩會模仿男孩，這不利於女孩未來的生活。

無論多麼包容，我們都不可能附和這樣的觀點——應該像養育男孩一樣養育女孩。我們能在短時間內嘗試這樣做，但很快就會不可避免地表現出一些差異。由於男孩的生理結構不同，決定了他們在生活中會承擔不同的職責。這對於其職業的選擇會有一定的影響，那些對自己的性別角色不滿意的女孩有時候很難適應那些她們可以選擇的職業。當討論婚姻準備問題時，很明顯，對女性角色的教育必須不同於對男性角色的教育。對自己性別不滿意的女孩會抗拒婚姻，認爲那是對她們個人的矮化；或者她們結婚了，但會試圖控制另一方。像女孩一樣養大的男孩在當今文明的婚姻中也會遇到巨大的困難。

在考慮這些問題的時候，我們必須牢記，兒童的生活方式通常來說在四、五歲的時候就已經確定了。在五歲之前，他必須形成社會情感和社會適應所必需的靈活性，到五歲的時候，兒童對環境的態度通常已經能夠固定，在此後的生活中，這個態度基本不會改變。他對外部環境的統合基本不再變化；他陷入了自身視角的陷阱，不斷重複最初的精神結構及結構導致的行爲。一個人的社會情感往往感受其自身精神境界的限制。

第八章

兒童在家庭中的位置：情境與補償心理

上一章的討論讓我們看到，兒童的發展與其對自己在環境中位置的無意識解讀相關。我們也看到，第一個、第二個和第三個出生的孩子的發展是不同的，與其在家庭中的位置相關。童年的這個狀態可以作爲兒童性格發展的「試金石」。

對兒童的教育不宜過早開始。兒童在成長的過程中會形成某一套規則或準則，這些規則或準則會控制其行爲，決定了兒童對各種情境的反應。當兒童年幼的時候，只有極少的跡象能表明他正在建構的、引導他將來行爲的特定機制。隨著年齡的增長，經過多年的訓練，這種行爲模式會逐漸固定下來。他對外界的反應也不再客觀，而是基於他對過去所有經驗的無意識解讀。當兒童對特定的情境或自己處理某些困難的能力形成了錯誤的理解時，這個錯誤的判斷會決定他的行爲，除非糾正原本的錯誤解讀，否則再多的道理或常識都無法改變的行爲。

兒童的發展總是有一些主觀的、個人的東西，教育者必須關注這種個體性，正是這種個體性使教育者不能將一般的規則運用於所有的兒童，這也是爲什麼在不同的兒童身上運用同樣的規則會有不同的結果。

另一方面，當兒童對同樣的情境作出幾乎相同的反應時，我們不能說這是因爲天性的作用；眞正的原因在於人類都缺乏知識，所以可能會犯同樣的錯誤。人們一般認爲，當家庭中有新的孩子出生時，大的孩子總是容易嫉妒。我們反對這個觀念，原因之一是存在例外的情況；另一原因是，當人們知道如何讓兒童做好弟弟或妹妹到來的準備時，兒童是不可能產生嫉妒之心的。犯錯誤的兒童就像群山中站在一條小路前的人，他不知道小路通往何方，也不知道如何前進。當他好不容易找到正確的路線，來到下一個城鎮時，他聽到人們吃驚地說：「幾乎所有走這條路的人都會迷路。」兒童之所以犯錯誤，是因爲他們被一些迷人的路徑引誘。這些路徑看起來容易行走，因而會引誘孩子踏上歧途。

還有很多情境會對兒童的性格產生不可估量的影響，我們不是經常看到，在有兩個孩子的家庭裡，一個很優秀，另一個卻很糟糕嗎？如果我們進一步研究這個情況，就會發現那個表現很差的孩子強烈渴望優越感，想掌控其他所有人，想利用自己的力量去統治環境。他經常在家裡大喊大叫，吵鬧不休。相反，另一個孩子安靜、謙虛，是家人的寶貝，被作爲榜樣和楷模。父母沒辦法解釋，爲什麼在同樣的家庭裡，孩子的表現會有天壤之別。透過考察，我們明白這是因爲表現好的孩子已經發現，自己優秀的表現更能得到家人的認可，從而在與兄弟姐妹的競爭中取勝，事實確實如此。因此，可以理解的是，當兩個孩子之間存在這樣一種競爭關係時，第一個孩子想要透過更好的表現來超過第二個孩子的希望是較渺茫的，所以他就從另一個方向來超越，也就是盡量淘氣。根據我們的經驗，這些淘氣的兒童有可能轉變成比他們的兄弟姐妹更優秀的兒童，渴望超越的強烈願望有可能透過兩個極端的方向表現出來，在學校的情況也是如此。

我們不可能因爲兩個孩子成長的環境相同就預測他們會變成同樣的孩子，況且，沒有兩個兒童的成長環境是完全相同的。行爲不好的兒童的出現會給行爲表現好的兒童造成很大的影響。事實上，很多原本表現很好的兒童在後來變成了問題兒童。

這裡有一個十七歲女孩的案例。她在十歲之前一直都是模範兒童。她有一個比她大十一歲的哥哥，哥哥深受家人的寵愛，因爲在十一年裡他是家裡唯一的孩子。當女孩出生時，哥哥沒有表現出嫉妒，只是延續他原有的行爲模式。當小女孩十歲時，哥哥開始長時間離開家裡。女孩成了家裡唯一的孩子，這個情境使她變得隨心所欲。她家境富裕，所以能輕易滿足她作爲兒童的所有願望。當她長大後，並不是所有的願望都能實現，於是，她開始表達不滿。年紀輕輕她就開始利用家族的聲譽借錢，很快就欠下了一大筆錢。這與她爲了實現自己的願望而採取的另一方法比起來就算不了什麼了。當媽媽拒絕滿足她的要求時，她所有好的行爲都消失得無影無蹤，她和媽媽爭吵、哭鬧，變成了最令人討厭的人。

從這個案例及其他類似的案例中我們能得到結論：兒童良好的行爲是爲了滿足其追求卓越的渴望；因此，我們永遠都無法確定當情境發生改變時，兒童這些好的行爲是否還會繼續存在。我們心理調查問卷的優勢在於能更全面地描述兒童及其參與的活動，包括他與環境及環境中所有成員的關係。總有一些跡象能夠表明兒童的生活方式，透過對兒童進行研究並結合從心理調查問卷中獲取的資訊，我們就會發現兒童的性格特徵、情感和生活方式都是爲了在他們的世界裡提升優越性、增加價值感和獲得聲譽的工具和手段。

在學校中我們經常可以看到一類似乎與這個描述相反的兒童，這些兒童懶惰、沉默，對知識、規則或懲罰無動於衷、視若無睹。他們生活在自己幻想的世界裡，從來沒有表現出想超越他人的渴望。然而，如果有豐富的經驗，我們就可能知道，這也是追求卓越的一種表現形式，雖然是一種錯誤的方式。這些兒童認爲自己沒有能力透過慣常的方法獲得成功，結果，他就會逃避所有進步的方法和機會。他把自己孤立起來，給人留下冷酷、麻木的印象。但是，這種冷酷、麻木並不是他性格的全部。透過這種冷酷，我們經常能發現一個極其敏感、脆弱的心靈，這個心靈需要外在的麻木來保護，以免受傷。

如果能成功地促使這類兒童說話，人們就會發現，他們極其關注自我，總是處於幻想之中，創造出各種虛擬的世界，在這些虛擬世界裡，他總是很重要、很出眾。現實與這些兒童的幻想有天壤之別。他們幻想自己是英雄，征服了所有人；或者是獨裁者，解除了所有人的力量；或者是殉道者，幫助了受苦受難的人們。這些兒童不但喜歡在幻想中扮演拯救者，在現實生活中也是如此。有些兒童在別人處於危險中的時候，必定會奮不顧身地去拯救。如果沒有完全喪失信心，當現實生活有機會時，那些在幻想中扮演拯救者的兒童會扮演類似的角色。

有些幻想會不斷產生。在君主統治時期，奧地利有很多兒童都幻想從危險中拯救國王或某個王子。當然，他們的父母永遠都不知道他們的孩子有這樣的想法。他們能看到的是那些很愛幻想的兒童不能適應現實，無法實現自身的價值。在這種情況下，幻想和現實之間存在巨大差距。有時候兒童會選擇一條中間道路：他們會保留他們的幻想，但會順應現實，作出部分調整。另一些兒童拒絕作出任何調整，愈來愈退縮到他們自己創造的個人幻想世界中，還有一些兒童不想要任何想像的東西，只專注於現實，如旅遊見聞、打獵見聞、歷史等。

毫無疑問，兒童應該有一些想像，也應該願意接受現實，但我們必須記住，兒童對這些事情的看法並非如成人那樣簡單，他們傾向於明確地將世界分成兩個極端。我們在理解兒童時最重要的是要記住兒童具有把事物分成對立兩端的強烈傾向（上或下，全好或全壞，聰明或愚蠢，上等或下等，全部或一無所有）。成人同樣也會用對立的感知方式。眾所周知，我們很難擺脫這種二分法思維模式。例如：即使我們知道冷和熱只是氣溫度數存在差別，也會傾向於把冷和熱看成是對立的兩端。我們發現，不但兒童經常使用對立的感知模式，在哲學的啓蒙階段同樣如此。早期的希臘哲學充斥著這種對立的觀念。即使在今天，幾乎所有業餘哲學家都試圖用對立的二分法來衡量價値。有些甚至確立了目錄：生——死、上——下、男人——女人。在當今社會，兒童和古老的哲學思維模式之間有很大的相似性，我們可以認爲，那些習慣於將世界分成界限分明的對立部分的人仍保留了這種幼稚的思維模式。

有這種對立思維模式的人有一個準則，可以用一句格言來概括——全有或全無。當然，在這個世界裡不可能實現這樣理想的狀況，然而他們卻據此來管理生活。人既不可能擁有所有東西，也不可能一無所有。在這兩個極端之間存在無數的等級。抱持這個準則的主要是那些自卑感深重、因補償作用而變得野心勃勃的兒童。在歷史上有好幾位這樣的人物，如凱撒在追求王位時被朋友謀殺。兒童很多的特點和性格特徵都可以追溯到這種全有或全無的觀念，例如固執。我們在兒童的生活中可以發現無數證據，甚至可以得出結論：這些兒童已經形成了與一般哲學相對的個人哲學或個人的智慧。我們以一個四歲小女孩爲例，這個女孩特別倔強和任性，有一天，媽媽遞給她一個橘子，她拿過橘子扔在地上，說：「你拿的我不想要，我想吃的時候自己會去拿！」

那些不能得到一切的懶惰的兒童會愈來愈退縮到他們幻想、想像和虛擬的城堡中。然而，我們不能因此就馬上得出結論，認爲這些兒童已經完全沒有希望。我們很清楚，過度敏感的人很容易逃避現實，因爲他們會創造個人虛幻的世界，這個虛幻的世界能在某種程度上保護他們不再受傷，但這種逃避並不必然證明這些兒童不能適應現實。與現實保持一定距離不但對於作家、藝術家而言是必要的，甚至對於科學家也是必要的，科學家也需要良好的想像能力。白日夢似的幻想在某種程度上只是個體避免不愉快或生活中可能的失敗的工具。我們必須知道，正是那些有豐富想像力，並能在後來的生活中把他們的想像與現實結合起來的人才會成爲人類的領路人。他們成爲領導者不僅僅是因爲受過良好的教育，有敏銳的觀察力，也是因爲他們的勇敢，能有意識地處理生活中的困難，並成功地戰勝困難。偉人的自傳經常顯示，儘管他們在現實生活中未必出類拔萃，在童年時期經常是壞學生，卻形成了洞察周圍世界的非凡能力。因此，只要環境好轉，他們就會勇氣倍增，再一次面對現實，繼續戰鬥。當然，並沒有規則告訴人們如何將孩子培養成偉人。但是，我們應該記住，永遠不要粗魯地對待兒童，而應不斷地鼓勵他們，不斷地跟他們解釋現實生活的重要意義，使他們不在現實和自己的幻想之間製造鴻溝。

第九章

作爲準備性測試的新情境

性格在任何特定時間的表現都具有一致性，從這個意義上來說，精神生活是一個整體，並且是一個連續體。不同時間人格的展開都不是突然的，當今和將來的行爲總是與過去的性格一致，這並不是說個體的生活是對過去和遺傳機械的複製，而是說將來和過去是無縫對接的，具有連續性。雖然不能確定自我是什麼，但可以肯定的是，我們不可能在瞬間就脫胎換骨，重獲新生。也就是說，在表現出某些可能性之前，我們永遠不可能知道自己所有的可能性。

人格是連續的，但並不是由過去和遺傳機械決定的。這個事實不但意味著教育和進步的可能性，也意味著我們有可能揭示個體在任何時間點的人格發展狀態。當個體進入新的環境，他隱藏的性格特徵就會表現出來。如果我們有可能對個體進行直接的試驗，把個體放入他們並未預料到的新的環境裡，就可以發現他們的發展狀況。他們在新環境裡的行爲表現肯定與其過去的性格一致，因而能在某種意義上揭示其在平常情境中不會表現出來的性格特徵。

對兒童而言，也許在生活的轉捩點上最能了解他們的個性，如從家庭進入學校，或者家庭環境突然發生變化。在變化的環境中，兒童性格裡的缺陷會清楚地呈現出來，就如照片上的圖像那樣清晰。

我們曾經研究過一個被收養的兒童。他惡習難改、喜怒無常，你永遠都無法預料他下一秒會做什麼，我們和他說話的時候，他的回答也是答非所問，他的回答與我們的問題幾乎沒什麼關係。考察了所有情境之後，我們得出結論：這個孩子在養父母家已經生活了幾個月了，但對他們還是有一種敵對的態度，可見他並不喜歡這個家庭。

這是我們從這個情境中能得出的唯一結論。他的養父母剛開始時搖頭否認，說孩子在這裡得到了良好的待遇，事實上比他之前所有生活都要好。但這不是最關鍵的。我們經常聽養父母說：「我們對這個孩子用了各種方法，包括軟的和硬的，但毫無作用。」只有善意是不夠的。有些孩子對他人的善意能作出友好的回應，但我們不應認為我們已經改變了他們。他們認為自己暫時處於有利的位置，但從根本上來說，他們並沒有改變，當環境裡的善意不復存在，他們立刻就會回到原來的狀態。

我們必須理解兒童的感受和想法，也就是他對情境的解讀，而不是他養父母的想法。我們告訴孩子的養父母，孩子和他們在一起不快樂。我們無法判斷孩子的這種態度是否合理，但肯定有什麼事情引發了孩子的這種敵意。我們告訴他們，如果他們感覺自己沒有能力糾正孩子的錯誤並贏得他的愛，他們可能必須把孩子交給別人撫養，因為孩子會一直反抗那些他認為是約束自己的東西。後來我們聽說這個孩子成了一個脾氣非常暴躁的人，甚至被認爲是危險人物。溫和的對待方式可能使這個孩子的表現略有進步，但這還遠遠不能使他得到徹底的改變，因爲他沒法理解整個情況。在獲得進一步的資訊後，我們才了解其中的原因：他是和養父母的孩子一起長大的，他相信養父母並不像關注自己的孩子那樣關注他。這樣要小孩脾氣當然是無理的，但他就是想離開這個家，因此，所有能促進這個目標的方式在他看來都是合適的。他依照自己設定的目標採取明智的行動，我們不應該認爲他心智不健全。這個家庭用了很長一段時間才意識到，如果他們沒有能力改變他的行爲，就必須讓他離開。

當這些兒童因犯錯誤而受到懲罰時，懲罰就成爲他繼續反抗的最好理由。這使他確信自己的反抗是正確的。我們的這個觀點有合理的依據，從這一點上我們可以看到：所有兒童的錯誤都應該被理解爲只是反抗環境的結果，是他碰到了一個自己沒有準備好的新環境的結果。這些錯誤雖然幼稚，但卻並不令人意外，因爲在成人的生活中我們也可以看到同樣的表現。

人們對身體姿態和自然的表達形式，是如何被解讀的幾乎還沒有得到研究，教師可能是最合適把所有這些姿態和表達形式串聯成系統，並考察它們的來源及相互之間的關係的人選。必須記住的是，同一種表達形式在不同的場合可能有不同的意義，而兩個兒童同樣的表達形式也可能有不同的意義。況且，即使是基於同樣的心理原因，問題兒童的表達形式可能也不一樣，這只不過說明條條大路通羅馬，達成目標的方式多種多樣。

在這裡我們不能依據常識來判斷對錯，兒童犯錯只是因爲他們的目標錯了。因此，所有爲實現這個錯誤目標而採取的行爲也都是錯誤的。奇怪的是，人犯錯的可能性有千萬種，但眞理卻只有一個。

有幾種表達形式極其重要，但在學校還沒有受到重視，例如睡姿。有一個很有趣的案例：一個十五歲的男孩經常出現幻覺，說當時的奧地利皇帝法蘭西斯·約瑟夫一世已經死了，以鬼的形象出現在他面前，命令他組建一支軍隊，反抗俄羅斯。當我們晚上到他房間觀察他睡覺時，看到了驚人的一幕。他是以拿破崙的姿勢躺在床上的。第二天我們看到，他睡覺時還是保持類似軍人的姿勢。他的幻想和清醒時態度的關係是相當清楚的。我們找他談話，極力使他相信皇帝還活著，但他拒絕相信。他告訴我們，他在咖啡館招待客人的時候，總是因爲身材矮小而被嘲笑。當我們問他還有誰和他走路的姿勢相同時，他想了一會兒，說：「我的老師，邁耶先生。」我們似乎在朝正確的方向前進，想像一下邁耶先生如拿破崙一樣矮小的身材，一切難題似乎都迎刃而解了。更重要的是：男孩告訴我們，他長大後想當老師。邁耶先生是他最喜歡的老師，他喜歡模仿邁耶先生的一切。總而言之，這個男孩所有的人生故事都濃縮在他走路的姿勢裡了。

新環境是兒童是否爲社會生活做好準備的試金石，如果兒童準備充分，他就能自信地應付新的環境；如果他沒有準備好，新環境就會讓他緊張，感覺自己無能。這種無能感會扭曲判斷，對環境作出的反應也會錯誤百出，也就是說，這些反應並不符合環境的要求，因爲它們不是建立在社會情感的基礎之上的。

我們必須考察新環境的原因不在於我們認爲它使兒童變壞，而在於它更清楚地顯示了兒童初期準備的不足，所有的新環境都可以作爲準備充分與否的試紙。

在這方面，我們可能有必要再討論一些問卷（附錄I）上的問題。

一、孩子是什麼時候開始有理由抱怨的？我們立馬注意到是從新環境開始的。當媽媽說直到上學之前孩子都是好好的，她告訴我們的東西比她自己所理解的要多得多，上學對於孩子來說太難了。如果媽媽回答說「是最近三年以來」，這是遠遠不夠的。我們必須知道三年以前孩子所處的環境發生了什麼變化，或者她的身體狀況發生了什麼改變。

兒童對自己信心減弱的第一個標誌經常是不能適應學校生活。兒童最初對學校生活的不適應有時沒有得到足夠的重視，而這對孩子而言可能是一場災難。我們必須了解兒童是否經常因爲考試成績差而被責罰，這些分數或責罰對他追求卓越的努力有什麼影響。兒童可能逐漸相信自己是無能的，將一事無成，特別是父母經常說「你會一事無成」或「你最終的下場就是坐牢」。

失敗能使一些兒童鬥志昂揚，但也可能使另一些兒童一蹶不振，我們必須鼓勵那些對自己和未來喪失信心的兒童，我們應該溫和、耐心、寬容地對待他們。

針對性的不恰當解釋可能使兒童驚慌失措，兄弟姐妹非凡的成就也可能使他們喪失進一步努力的勇氣。

二、這個現象以前明顯嗎？意思是說，在環境改變之前，兒童沒有充分準備的表現明顯嗎？對這個問題的回答五花八門。「孩子喜歡滋事」意味著媽媽習慣爲他做好一切事情。「他總是很膽小」意味著他很依戀家庭。如果兒童被認爲很虛弱，我們可以推測，這個孩子出生的時候身體比較差，因而得到了家人的關愛，或者是因爲長得醜而被忽略。這個問題也可能是指孩子智能不足。兒童可能發展緩慢，因此大家都認爲他是智能不足，雖然後來證明他不是智能不足，他還是會感覺自己受到關愛或限制，而這些感覺都使得他在適應新環境的時候更加困難。

教師的首要任務是贏得孩子的心，然後再培養他的勇氣。如果兒童表現得笨手笨腳，教師要看看他是否是左撇子。如果兒童表現得特別笨拙，教師要看看他是否完全理解自己的性別角色。在女性環境中長大的男孩會迴避其他男孩的陪伴，經常被嘲笑和戲弄，經常被當成女孩對待。這些男孩習慣女孩的角色，在之後的生活中會遭遇巨大的內心衝突。兒童不懂得兩性生殖器官的區別，認為性別是可以改變的。但最終他們發現，身體結構是不可能被改變的，因此試圖根據自己嚮往的性別來發展男性或女性氣質特徵，以彌補身體的不可改變性。他們通常透過服飾或舉止來表達這個傾向。

有些女孩會討厭女性職業，主要的原因在於她們認為這些工作是毫無價值的，這應該說是我們文明的主要的敗筆之一。社會傳統仍然認為男人擁有女人所沒有的特權。我們的文明明顯是有利於男人的，對男人自詡的某些權利持肯定態度，生兒子往往比生女兒更令人高興，這必然對男孩和女孩都造成了傷害。女孩很快陷入自卑的深淵，發展受到限制，而男孩則背負著期望的包袱。有些國家對女孩的限制已經沒有那麼明顯了，例如美國。但即使在美國，也還沒有達到兩性社會關係的平衡。

我們現在關注的是人類整個心理的發展，而兒童是人類心理發展狀況真實的寫照。對女性角色的接受有時很難，偶爾會激起反抗。反抗的形式經常是任性、固執、懶惰，所有這些都和兒童追求卓越相關。當女孩表現出這些特徵時，教師必須確認女孩是不是對自己的性別不滿意。

對自己性別極度不滿可能拓展到對其他各個方面都不滿意，整個生活因而也變成了包袱。有時候我們會聽人說想住到別的星球去，在那裡沒有兩性的區分。這種錯誤的思維過程可能導致各種荒唐的事情，或者徹底的冷漠、犯罪甚至自殺。懲罰和缺少關注只會強化兒童的不自信。

如果兒童能在不知不覺中了解男人和女人的不同，並被告知女人和男人具有同等的價值，上面這些不幸的情況可能就都不會發生。通常來說，父親在家庭中具有某種優越地位，父親似乎是掌控者，制定規則，發出指令，向妻子解釋及作出決定。兄弟們會試圖表現得比姐妹們更優越，透過諷刺和批評使姐妹們對自己的性別產生不滿。心理學家知道，男孩這樣做是因爲他們自己感覺很脆弱，因爲實際能做的事情和看起來能做事情是截然不同的。認爲女人到目前爲止還沒有取得過偉大成就這樣的言論是毫無價值的，那只是因爲迄今爲止，女人還沒有被培養去做偉大的事情。男人把女人侷限在縫縫補補這一類事情中，並使女人相信那就是她們應該做的事情。如今這個觀念在某種意義上已經被拋棄，但在培養女孩的時候，我們還是沒有期待她們可以取得輝煌的成就。

在阻礙女孩發展之後，又尖刻地批評她們取得的成就不如男人，這是目光短淺。要改變這個狀況並不容易，因爲不但父親認爲男性特權是正當的，連母親也認同這個觀點，並根據這個觀念來培養孩子。他們告訴兒童，男性權威是正當的，認爲男孩需要別人的順從，而女性就得順從別人。兒童應盡早知道自己的性別，並知道自己的性別是不可以改變的。就如我們剛才說的，女性對男性是權威、具有優越性這一點已經產生了怨恨情緒。如果這種怨恨的情緒非常強烈，她就會拒絕接受自己的女性性別，努力使自己變得像個男性。個體心理學把這種現象稱爲「男性抗議」。畸形和發育不完全之類的次發症狀經常使成人懷疑自己在生理方面的性別（女孩具有男性的身體特徵，或者男孩具有女性的身體特徵）。這些信念有時候根深蒂固，甚至和人的身體弱點相關。兒童般的身體外形（男孩比女孩更明顯）使人們相信男性有女性的性格特徵，這當然是無稽之談，因爲這樣的男性更像兒童。一個男性的身體沒有得到充分的發育會使他自卑萬分，因爲我們的文明通常認爲男性應該充分發展，男性的成就應該超越女性。對於女性來說，不漂亮經常也會導致她們的生活問題多多、困難重重，因爲我們很看重女性漂亮的外表。

性情、氣質和情感是第三性別特徵。敏感的男性被認爲是女性化；冷靜鎮定、自信滿滿的女性被認爲是男性化。這些特徵都不是天生的，而是後天習得的。人們記住了小時候的這些特徵，然後根據情況而定，或者說這些兒童非常特別，或者說他們很沉默，或者很像男性或女性。他們根據對各自性別角色的理解來發展個性。更深一步的問題是兒童的性別發展及其生活經驗之間的聯繫程度，這意味著在一定的年齡階段他們期待理解一定的性別知識。可以說，當父母或教育者最終向他們解釋有關性別的知識的時候，至少百分之九十的兒童早已經了解了這些知識。因爲我們不能預測兒童是如何理解有關性別的解釋的，也無法知道他們對這些知識的信任程度及其一般會對兒童產生什麼影響，因此，我們不能制定明確的、固定的關於性別教育的規則。但兒童一旦要求解釋，我們應該在仔細考察兒童當時的情況之後再給出相應的解釋。雖然不成熟的解釋不一定會對兒童造成有害的影響，但這樣做還是不夠明智的。

領養兒童或繼子或繼女的問題是很棘手的，這兩類兒童都理所當然地認爲他們應該受到良好的待遇，如果他們受到了嚴厲的對待，就認爲是由於家庭的特殊位置造成的（即認爲因爲自己是領養的兒童或繼子或繼女）。失去母親的兒童有時會特別依戀父親，後來，父親再婚了，兒童就覺得自己被拋棄了，因此拒絕和繼母建立良好的關係。有趣的現象是，少數兒童認爲自己的親生父母是繼父母，這當然暗示了父母對他們的嚴厲批評和不滿。在很多童話故事裡，繼父母都是邪惡的，現實中的繼父母也因此名聲不好。順便說一下，童話故事對於兒童來說可能不是最好的閱讀教材。從童話故事中兒童也能學到很多關於人性的知識，因此，完全杜絕童話也不是明智之舉。但在有些故事後面我們應該加上糾正性的評論，以防止兒童從這些故事中習得殘忍或扭曲的行爲。有些童話故事的主人公強壯有力，行爲粗魯，而這些故事有時候被用來作爲教育教材，以使兒童變得堅強，拒斥柔軟的情感（這是來自我們崇拜英雄的另一種錯誤觀念）。男孩認爲表現出同情是缺乏男子漢氣概的表現，只要不被誤用，柔軟的情感毫無疑問是很有價值的（雖然任何情感都可能被誤用），但不可思議的是，柔軟的情感卻受到嘲諷。

私生子女的問題也是特別難處理的，只是由女性和兒童來承受這一切，男性卻逍遙自在，這當然是很不公正的。而付出最大代價的是兒童，不管我們怎麼盡力幫助這些孩子，他們都不可能完全不受傷害，因爲生活環境很快就會告訴他們所有的東西都是不對的，他們被同伴或其他人嘲笑，國家的法律使得他們的生存環境更加艱難，因爲他們是非法的。他們特別敏感，因此容易和人發生爭吵，對世界產生敵意，因爲所有的語言中都有關於私生子女難聽的、侮辱性的、讓人覺得痛苦不堪且尊嚴盡失的話語。這就很容易理解爲什麼很多問題兒童和犯罪分子都是孤兒或私生子女，私生子女或孤兒的這些社會傾向不可能是天生的或遺傳的。

第十章

學校裡的兒童

就如前面所說的，學校對於兒童來說是一個全新的環境。像其他新的環境一樣，進入學校後的表現可以檢測之前的準備工作是否充足。如果之前對兒童的養育得當，他就能正常通過測試；如果不得當，養育中的不足之處就會清楚地顯現出來。

我們通常不會對兒童進入幼兒園或小學的心理準備情況進行記錄，但如果我們有這樣的記錄的話，對於解釋其將來的成人生活是很有意義的。這些「新環境測試」比一般的知識測試更能揭示兒童的發展。

兒童入學應該做些什麼準備呢？學校功課需要兒童與老師、同學的合作，也需要兒童對學校科目產生興趣。透過兒童對這個新環境的反應，我們就能判斷他的合作能力和興趣範圍。我們能判斷兒童對哪些科目感興趣，能了解他能否聆聽他人說話，能辨別他是否興趣廣泛。探究這些事實的途徑很多：研究兒童的態度、姿勢和臉色、聆聽的方式、是否友好地接近老師，或是否總是遠離老師等。

這些細節是如何影響一個人的心理發展的？我們透過以下案例來說明。有一個人因爲職業上存在一些困難來諮詢心理醫生，他回憶童年時，心理醫生發現他的家裡只有他一個男孩，其他都是女孩，而且父母在他出生之後不久就過世了。當他去上學的時候，他不知道自己應該去男校還是女校註冊，在姐妹們的說服下他去了女校，但不久後就被開除了，我們能夠想像這給他留下了什麼創傷。

兒童對科目的興趣大致上依賴於兒童是否喜歡該科目的老師，老師的技巧之一是讓孩子保持專注，並知道兒童什麼時候沒有專注，什麼時候不能專注。很多兒童在入學的時候沒有專注能力，這些一般都是在家倍受寵愛的孩子，學校這麼多的陌生人讓他們茫然失措。如果碰巧老師又比較嚴格，這些兒童就會表現得像沒有記憶力似的。但這種記憶力的缺失並不是如我們通常認爲的那麼簡單，這些被責備沒有記憶力的兒童在另外的事情上記憶力完全正常，他甚至能專注地做事，但只有在家裡他熟悉的、寵愛他的環境中才可以。他只關注自己是否受到寵愛，而不是學校功課。

如果這些兒童在學校沒有進步，學習成績很差，沒有通過考試，批評或責備他們都將無濟於事。批評或責備不但不能改變他們的生活方式，相反，這些只會使他們確信自己並不適合學校，並形成悲觀的態度。

如果教師能夠贏得這些被寵壞的孩子，他們往往能成爲優秀的學生。如果優勢明顯，他們就能努力學習。不幸的是，我們不能保證他們在學校總是能受到老師的寵愛，當兒童換了學校或老師，甚至他在某一科目上沒有取得進步（數學對被寵壞的兒童總是很艱難的），他都會突然停滯不前。原因在於他已經習慣不費力氣就獲得一切，從來沒有人教他奮鬥，他也就不知道如何奮鬥，他沒有克服困難所必需的毅力，也不能透過自己意志力的努力不斷進步。

到此我們就應該明白爲進入學校做好準備意味著什麼了，兒童準備不足總是和媽媽的影響相關。作爲媽媽，她是喚起兒童興趣的第一人，因此媽媽有責任把兒童的興趣引向健康的大道。媽媽如果沒有履行這個責任（很多媽媽經常是這樣的），其結果在兒童的學校表現中就可以清楚地顯現出來。除了媽媽的影響，整個家庭對兒童也存在其他複雜的影響，例如父親的影響，我們在前面章節討論過的兒童之間的競爭，還包括外界的影響，如惡劣的外部環境和偏見等，在後面的章節中我們會詳細討論。

總而言之，兒童準備不足是由多方面的環境因素促成的，因此，只以學習成績爲基礎來評判兒童是極不明智的。我們應該把兒童在學校的成績看成是其當下心理狀態的充分反映。所以，重要的不是兒童取得的分數，而是這些分數所表明的兒童的智力、興趣及關注的能力等等。學業考試雖然和智力測試等科學考試在結構上有所不同，但解讀的方式應該是一樣的。在這兩種情況下，我們的關注的重點都應該是測試所揭示的兒童的精神狀態，而不是測試所包含的量化事實。

近年來，所謂的智商測驗發展很快。這些測試對老師非常重要，有時候確實也是有益的，因爲它們能揭示出一些普通考試不能顯示的東西。有時候這些智商測驗能拯救兒童。當一個男孩學習成績不好，老師想讓他留級時，智商測試可能顯示這個兒童智商很高，因此，這個孩子不但不用留級，還被允許跳級，這會使兒童獲得極大的成就感，其行爲從此也會發生巨大的改變。

我們並不希望低估智商測驗的作用，但這些測驗的結果既不應該讓兒童知道，也不應該讓兒童的父母知道。父母和兒童都不理解智商測驗的眞正價值。他們認爲這代表了最後的、全部的結果，預告了兒童的命運，兒童之後的發展都會受到這個結果的限制。事實上，把智商測驗的結果絕對化極易受到各種批判，在智商測驗中得到很好的分數並不能保證其將來的生活品質，相反，那些事業有成的成年人在智商測驗中可能得分並不高。

個體心理學家做過這樣的實驗：每當智商測驗顯示被試者智商很低時，只要運用正確的辦法，我們都可以提高其智商。方法之一是讓兒童多次做某個智商測驗，直到他找到竅門、對這類測試有充分的準備爲止。兒童透過這個方法取得了進步，增加了經驗，在之後的測驗中就能獲得更好的分數。

學校秩序是如何影響兒童的？兒童是不是被學校繁重的課程所壓迫？這些都是很重要的問題。我們並不認爲學校的科目沒有意義，也不認爲學校的科目必須減少。當然，連貫地進行科目教學，使兒童能明白所學科目的實踐價值，而不只是把科目看成是抽象的、理論的東西非常重要。如今人們對這個問題討論熱烈，我們到底是應該教給兒童學科知識，還是應該培養他們的人格？個體心理學研究者相信這兩者是可以結合的。

我們前面說過，科目的教學應該是有趣、實用的。數學（包括算術和幾何）的教學應該和建築物的風格、結構及裡面能住多少人的問題聯繫起來。在一些先進的學校裡，一些有經驗的老師知道如何把科目相互聯繫起來進行教學。他們和兒童一起散步，發現他們對有些功課興趣濃厚，對另一些功課卻興趣一般。於是他們嘗試把一些科目結合起來教學，例如：他們把有關某種植物的教學與植物歷史、國家氣候等科目的教學結合起來。這樣，他們不但能促使兒童學習那些他們原本不感興趣的科目，還能教會兒童以協調、綜合的方法來探究事物，而這正是所有教育的最終目標。

教育者不應忽略的另一要點是，兒童在學校感覺自己是處於個人競爭的環境中，這一點的重要性是很容易理解的。理想的學校班級應該是一個整體，每一個兒童都覺得自己是整體中的一員。老師應該使兒童之間的競爭和個人的雄心保持在一定範圍之內。兒童不願意看到別人取得進步，他們要麼拚命超越對手，要麼忍受一次又一次的失望，陷入對事物的主觀揣測之中。這也是老師的建議和引導如此重要的原因——老師的一句適當的話就可能把兒童的精力從競爭轉向合作。

讓兒童嘗試制定、修改班級自我管理的規則非常有助於促進兒童之間的合作，減少他們之間的競爭。在兒童完全具備制定自我管理規則的能力之前，我們就可以開始實施這個方法。最先可以讓兒童觀察班級規則的運作，或者充當顧問的角色。如果在兒童沒有準備的時候給予他們完全的自我管理權力，我們會發現，他們的懲罰比老師更嚴厲，甚至會使用這種權力來獲得個人利益或優越感。

至於兒童在學校的發展，我們必須同時考慮老師和兒童的觀點。有意思的是，兒童在這一方面有良好的判斷，他們知道班上誰的語文最好，誰的美術最好，誰的體育最好。他們能很好地相互評估，有時候他們對其他人的評估不是很公平，但他們能意識到這一點，並盡力做到公平。最大的困難在於他們會貶低自己：他們認爲「我永遠也趕不上別人」。這當然不是眞的，事實上，他們能趕上別人。老師必須指出他們判斷中的這個錯誤，否則，這會變成他們一生中無法逾越的障礙，有這種想法的兒童將永遠無法取得進步，而只會停留在原地。

學校絕大部分兒童幾乎總是停留在同一種水準：他們總是最好的、最差的或中等的，總是保持原有程度。與其說這種狀態反映了兒童智力的發育情況，還不如說是反映了一種惰性心理。這表明兒童已經限定了自己，在最初的幾次嘗試之後，就對自己不再有信心，但事實上，有時候兒童的程度會發生相對的變化，這個事實非常重要，因爲這表明兒童的智商狀態並不是天生注定、不能改變的，我們應該讓兒童知道這一點，並引領他們把這個觀念運用到自己身上。

老師和兒童都應該摒棄這個錯誤觀念：具有正常智商的兒童取得的成就是由於其特有的遺傳因素決定的，認爲能力來自遺傳可能是兒童教育中最嚴重的錯誤。當個體心理學最初指出這一點的時候，人們認爲這可能只是有利於我們的樂觀推測，不是建立在科學基礎上的一般結論。但現在愈來愈多的心理學家和精神病學家開始接受這個觀點。遺傳很容易成爲父母、老師和兒童的替罪羔羊。只要遇到需要付出努力才能克服的困難，他們就會以遺傳爲藉口爲自己推卸責任。但我們沒有逃避責任的權利，並且，對於那些幫我們推脫責任的觀念我們都應保持警惕。

相信自己工作的教育價值，相信教育就是培養兒童的人格的教育者不可能堅定地接受遺傳論。我們在這裡討論的不是生理上的遺傳，我們知道器官的缺陷，甚至器官的不同能力都是遺傳造成的。但器官功能和心理能力之間的關係是什麼呢？個體心理學堅持認爲，心理能力受限於器官能力的大小，必須考慮器官能力。但有時候人在心理上會過度考慮器官，因爲器官的某些缺陷或殘疾使人心有餘悸，以至於在器官恢復正常後很長時間內還無法擺脫這種心理上的恐懼。

人們總是喜歡對事物追根溯源，尋求事物、現象形成的源頭。我們經常用這個（事物的源頭，這裡指的是遺傳，譯者注）來判斷一個人的成就，但這個觀點很容易誤導人，這個模式中最常見的錯誤是忽略大多數祖先，忘記了如果我們建立一個家庭樹，在每一代我們都有兩位父母，如果我們往上追溯五代，我們就有六十四位祖先，毫無疑問，在這六十四位祖先中我們總能找到一個聰明的，其後代的能力就可以源於此。如果我們往上追溯十代，就有一〇九六位祖先，毫無疑問，即使找不到很多，我們至少可以找到一位能人。同時，我們應該記住，一位非常能幹的人給家庭留下的傳統能有類似遺傳的作用，這樣就能解釋爲什麼有些家庭總能比別的家庭產生更多聰明能幹的孩子。顯然易見，這不是遺傳。只要想想過去在歐洲所有的兒童都必須從事父親的職業就能明白這一點，如果不考慮這些社會制度，有關遺傳的統計資料看起來是非常有說服力的。

除了遺傳觀念，給兒童帶來最大困難的是因成績差而受到懲罰，如果兒童學習成績差，他自己也會發現老師不是特別喜歡他。因此，他在學校是很難受的。回家後，他又被父母責備，父母會訓斥他，還會經常揍他。

學校老師應該牢牢記住差的成績單所帶來的後果，有些老師相信，如果兒童不得不把差的成績單帶回去，他們會更加努力地學習，但老師沒有考慮兒童具體的家庭環境，在有些家庭，父母對待兒童相當粗暴，這些兒童在帶回差的成績單時會再三猶豫和考慮。結果，他可能不再來上學，有時候還會極度絕望，因爲害怕父母責罰而離家或自殺。

老師對學校的系統沒有責任，但只要可能，老師應該以個人的同情和理解緩解系統的冷漠無情。因此，老師在考慮兒童的家庭環境後，對某些特殊的兒童應該更加溫和，老師的溫和會使兒童受到鼓勵，而不會將他們推向絕望的深淵。如果兒童成績總是很差，總是被告知他是學校最差的學生，他的心理負擔是很重的，直到最後他自己也會相信這個說法。如果我們設身處地站在這些兒童的處境想一想，就很容易理解他們爲什麼不喜歡學校，這是人之常情。如果在學校總是受批評，學習成績很差，還沒有希望趕上，兒童當然不會喜歡這個地方，會努力逃離這個地方。因此，如果發現這些兒童蹺課在學校外面，我們不應太過吃驚。

雖然對這個情況我們不必過於恐慌，但也應該引起足夠的重視，我們應該認識到這是一個不良的開端，發生在青春期尤其如此。這些兒童爲了保護自己會僞造成績單、蹺課等等。這樣，他們可能碰到和自己情況相同的人，他們會組成幫派，最終走上犯罪的道路。

如果我們接受個體心理學所主張的觀點——所有兒童都是有希望的，那所有這一切都可以避免。我們必須相信，總能找到一種方法來幫助兒童。即使在最差的環境中也總有一種方法，當然，這種方法不會自動出現，需要我們耐心尋找。

讓兒童留級的不良後果幾乎是不言而喻的。老師們知道，留級的學生對於學校和家庭都是個問題。這可能不是絕對正確的，但例外的情況屈指可數，大多數留級生都是老留級生——無論怎麼留級，他們總是落後，這說明他們身上的問題一直都沒有得到解決，留級只是一種逃避的方法。

什麼時候該讓兒童留級是一個很難決定的問題，有些老師能成功地克服這個難題。他們利用假期來培訓兒童，找出他們生活方式中的錯誤之處，並幫助其改正，這樣兒童在新學期就能跟上班級進度。如果在學校有專門的輔導老師，我們就能更廣泛地使用這個方法。遺憾的是，我們有社工，也有家庭教師，但沒有輔導教師。

德國並沒有家教機構，似乎這對於我們來說完全沒有必要。公立學校的班主任對學生的情況最爲了解，如果班主任能正確觀察兒童，他可能比其他任何人都更了解兒童的發展狀況。有人說，因爲班級人數衆多，班主任不可能了解每一個學生。但如果從入學開始就觀察學生，我們很快就能了解他的生活方式，並且避免很多困難，即使面對很多學生也可以做到這一點。面對眾多的學生，理解他們比不理解他們能取得更好的教育效果，班級人數多當然不是有利的事情，我們應該盡量避免，但這並不是不可克服的困難。

在個體心理學看來，老師最好不要每年更換，也不要如有些學校所實行的六個月一換。如果教師能教同樣的學生二、三年，甚至四年，這從各個方面來看都是有利的。這樣，老師就有足夠時間和時機深入了解每一個學生，就能夠找到每個學生生活方式中的錯誤所在，並更正這些錯誤。

兒童經常跳級，人們對跳級是否有利存在著爭議。跳級的學生經常不能達到人們對他們跳級所持有的高期望，應該跳級的學生是那些比同年級學生大很多的兒童，那些以前很落後，現在發展和進步很快的兒童也可以考慮讓他跳級。但跳級不應該作爲學習成績突出的獎勵，也不能因兒童懂得比其他同學多就選擇跳級。對於特別聰明的兒童，可以花更多的時間學習課外的東西，如繪畫、音樂等，這比跳級要好得多。這些聰明的孩子學到的課外知識和技能對全班都是有利的，因爲這能促使別的兒童去學習。讓班級裡優秀的學生跳級是弊大於利的，但也有人主張，我們應該促進傑出的、聰明的學生的發展，我們不這樣認爲。相反，我們相信，聰明的學生能促進整個班級的進步，使班級發展的動力更強。

考察學校兩種類型的班級——高級班和落後班——是非常有意思的事情。人們會驚訝地發現，在高級班，只有少數幾個反應遲鈍的學生，而在落後班並非如大多數人所預想的那樣有很多反應遲鈍的學生，那些學生都來自貧困家庭。貧困家庭的兒童被認爲是智力落後的一群，原因在於他們沒有爲上學做好準備。這很容易理解，他們的父母通常太忙，沒什麼時間陪伴孩子，或者因爲自己所受教育有限，不知道要如何讓孩子做好上學的準備，這些沒做好心理準備的兒童不應該被劃爲落後生，被看作落後生會成爲兒童的標籤，他們會成爲同伴嘲笑的對象。

我們前面提到的導師的方法能使這些兒童得到更好的照顧，除了導師，我們還應該建立俱樂部，讓兒童能在那裡接受額外的指導。在俱樂部，他們能做作業、玩遊戲、閱讀等，這樣能培養他們的勇氣，不會因爲被劃分爲落後生而心灰意冷。如果這些俱樂部能有比現在學校更多的操場，就能使這些兒童徹底離開街道，離開社會不良人員的影響。

男女同校的問題是所有教育實踐不可避免的問題。原則上我們認爲應該促進男女同校，因爲這是男生和女生相互了解的良好途徑。但是，如果認爲男女同校只是把男生和女生放到一個學校，其好處就會自然顯現出來，則是極爲錯誤的。我們必須考慮男女同校所帶來的特殊問題，否則，男女同校帶來的不利之處將會超過其有利之處。例如：有一個問題是人們經常忽略的：十六歲之前女孩一般發展得比男孩快。如果男孩沒有認識到這一點，看到女孩比他們優秀很多，他們會失去平衡，開始與女孩進行毫無意義的競爭，學校管理者或老師必須考慮這樣的事實情況。

只有老師欣賞男女同校，並理解男女同校所涉及的問題，才有可能取得男女同校教育的成功。但不喜歡男女同校的老師會感覺這個制度是一個沉重的包袱，他所教授的班級就不可能取得男女同校教育應有的效果。

如果男女同校制度缺乏恰當的管理，兒童沒有得到正確的引導和監管，很自然會出現性的問題。在下一章我們會詳細討論性教育。事實上，學校並不是解決性問題的最佳場所，因爲當教師在全班面前說這個話題的時候，他不可能知道學生是如何理解這些話的。如果學生私下問老師相關問題則是另一回事，如果女生問老師有關性的問題，老師應該正確地回答。

討論教育的行政工作或多或少有點離題，現在我們回到本章討論的中心問題。可以說，透過考察兒童的興趣、找出他們可以取得成功的科目，我們總是能找到方法來教育兒童。無心插柳柳成蔭，和人類生活的其他方面一樣，教育也是如此。這意味著如果一個兒童對某一科目感興趣，並能學好它，這會激勵他去做好其他的事情。兒童能否將現有的成功作爲獲取更多知識的基礎和動力關鍵在於老師。光是兒童自己並不知道如何透過自身努力來做到這一點，就如我們所有人從無知發展到博學時都需要幫助一樣。但老師能做到這一點，如果老師能用學生已取得的成功來激勵學生進步，學生就會明白成功的意義，並知道如何跟隨老師的指引。

兒童感官的情況和上面所說的有關兒童感興趣的科目的情況相類似。我們必須找出哪個感官是兒童最經常使用的，什麼類型的感覺吸引兒童。很多兒童是視覺型的，有一些兒童是聽覺型的，還有一些兒童是運動型的等等。近年來，所謂的手工學校很受歡迎，這些學校遵循的正確原則是把科目的教學和眼睛、耳朵、手的訓練結合起來。這些學校的成功表明利用兒童的生理特長非常重要。

如果兒童是視覺型的，教師應該懂得在一些需要利用視覺的科目中他可能學起來更輕鬆，例如地理。這樣的兒童更擅長有圖畫、圖表等視覺材料的課程，而不是有更多聽力材料的課程。這是老師應該具備的洞察某類特定兒童的問題的典型案例，老師觀察學生後還可能獲得許多其他這樣的洞察。

總而言之，理想的老師負有神聖而又令人著迷的使命，他塑造兒童的精神，人類的未來就掌握在他的手中。

但是，怎樣才能使現實中的老師成爲理想的老師呢？只是展望教育理想是遠遠不夠的，我們必須想辦法實現教育理想。很久以前，本書作者在維也納開始尋求這個方法，尋找的結果是在學校建立諮詢診所或輔導診所[1]。

建立這些診所的目的在於使現代心理學知識服務於教育系統。合格的心理學家不僅要懂得心理學，還要理解老師和父母的生活，和老師一起工作，在固定的某一天進行諮詢會診。在會診的那一天，老師會開會，每一個人都提出自己的問題兒童的案例。有的案例是關於懶惰的兒童，有的是關於擾亂課堂的兒童，有的是關於偷竊的兒童等等。老師描述自己的案例，心理學家根據自己的經驗發表意見，然後大家討論引起這些問題的原因是什麼，這些狀況是從什麼時候開始的，我們應該怎麼辦。兒童的家庭生活和他整個的心理發展都會得到分析，所有人都各抒己見，然後決定應該怎麼對待這些兒童。

接下來兒童和媽媽都會來到診所，在決定了如何影響媽媽的方案之後，媽媽會先被請到診所，心理學家會向媽媽解釋孩子失敗的原因，然後由媽媽發表自己的看法，心理學家會和媽媽進行討論。通常來說，媽媽看到心理學家如此關注她的孩子會非常開心，也很樂

【1】參見由阿德勒及其同事格林伯格（Greenberg）所著的《引導兒童》（*Guiding the Child*）一書，紐約出版社出版。這本書詳細介紹了這些診所的歷史、技術和成果。

意合作。如果媽媽不友善，甚至有敵對情緒，老師或心理學家會告訴她一些類似的案件，說說其他媽媽的情況，直到她的不良情緒消除。

最後，達成影響兒童的一致方法之後，兒童會被請到診所。兒童會觀察老師和心理學家，心理學家會和兒童交談，但不是說他的錯誤，心理學家像在上課一樣，以兒童能理解的方式客觀地分析問題、問題產生的原因及阻礙其正常發展的觀念。心理學家向兒童講解為什麼他會覺得自己總是受到壓抑，而別的孩子卻較受歡迎；他是如何走向絕望、不再奢望成功的。

這個方法已經沿用了差不多十五年之久，接受這個方法培訓的老師感覺非常開心，不想放棄他們已經堅持了四年、六年或八年的諮詢工作。

至於兒童，他們在這個工作中的收穫是雙倍的，那些原來的問題兒童變得健全——他們已經具備合作和勇敢的精神，那些沒有去診所的兒童也受益匪淺，當班上有情況出現，並有可能成為問題的時候，老師會提議所有學生一起來討論。當然，討論是由老師引導的，但所有學生都會參與，都有機會充分表達自己的看法。他們會分析問題的原因，如懶惰的問題，並最終得出一些結論。班上懶惰的孩子雖然不知道這些結論是針對他們的，但也會從討論中學到很多東西。

在本章的結論部分，我們指出實現心理學和教育學融合的可能性。心理學和教育學是同一種現實、同一種問題的兩個階段。爲了引導精神的發展，我們需要了解精神是如何運作的；而了解精神及其運作機制的人會不由自主地運用自己的知識將精神引向更高、更完整的目標。

第十一章

外部環境的影響

個體心理學有關心理和教育的觀點內涵非常廣泛，它也沒有忽略「外部世界的影響」。傳統的內省心理學非常狹窄，爲了處理它不能涵蓋的問題，馮特（Wundt）認爲有必要創建一門新的科學——社會心理學。而個體心理學同時兼顧社會和個體，因此沒有必要建立新的學科。個體心理學既非只關注個體精神、排斥促進精神發展的外部環境，也非只關注環境、排斥特定個體的重要性。

教育者或老師永遠都不應該認爲他是兒童唯一的教育者，外部環境會影響兒童的心理，並直接或間接地塑造兒童，也就是說，我們可以透過影響父母，使父母達到某種精神境界，然後再由父母去影響兒童。所有外部因素的影響都是不可避免的，因此，都應列入我們的考慮之列。

首先，教育者應該考慮經濟因素的影響。例如：我們應該知道，有些家庭世世代代都生活在窘迫的環境裡——這些家庭一直深陷於怨恨和悲傷之中。這種怨恨和悲傷的感覺對父母的影響極爲深刻，以至於他們無法教給孩子健康、合作的態度。當人類處於惶恐不安之中時，是沒有辦法和他人合作的，來自貧困家庭的人正是受制於人類的這種思維侷限。

其次，長期的半饑餓狀態或很差的經濟環境會影響父母和兒童的物質生活，而這又會產生嚴重的心理影響。我們可以透過歐洲戰後出生的兒童來討論這個問題。這些兒童比之前的兒童要難以養育得多，除了經濟環境及其對兒童發展的影響之外，父母對生理衛生的忽略也是重要的影響因素，這種忽略和父母對兒童提心吊膽、極其寵愛的態度密切相關，父母很寵愛兒童，生怕給他們帶來任何痛苦。有些父母很疏忽，例如：他們認爲兒童的脊椎側彎會隨著年齡的增長自然好轉，因此沒有及時就醫，這當然是錯誤的，特別是在醫療非常方便的城市。生理上的不良狀況如果沒有及時矯正可能會導致嚴重的、危險的疾病，而這又會導致不良的心理創傷。所有的疾病在心理上都是「危險的角落」，應該盡可能地避免。

如果這些疾病不能避免，發展兒童勇敢、關心社會的態度很可能降低這些疾病帶來的心理問題的危險性。事實上，可以說疾病只有在兒童沒有社會情感的情況下才會影響其心理，這和被寵壞的兒童相比，社會情感強烈、感覺自己是社會環境的一部分的兒童受疾病影響的程度要低很多。

記載的病例顯示，心理問題經常始於百日咳、腦炎、亨丁頓舞蹈症等疾病。人們可能認爲是這些疾病引發了兒童之後的心理問題，但事實上這些疾病只是使兒童本身隱藏的性格缺陷變得明顯。生病期間，兒童感覺到了自己的力量，發現可以指使家人。在生病期間，他看到由於自己的原因，父母臉上充滿了恐懼和焦慮。病好了之後，他還想繼續成爲關注的中心，於是，他不斷給父母提出一些奇怪的要求，使父母處於自己的控制之中。當然，這只會發生在那些從來沒有接受社會訓練的兒童身上，這些兒童只要有機會就會顯露其以自我為中心的努力。

有意思的是，有時候疾病有可能成為兒童性格改善的機會。有一位老師的第二個孩子是男孩，這個男孩讓父母頭疼不已，不知如何教育他。他有時候會離家出走，也是班上最差的學生。有一天，正當父親準備把他送到少年管教所去時，發現他患有髖關節結核病。這種病需要父母長期的精心照顧。當男孩康復之後，他成了家裡最棒的孩子，男孩所需要的就是生病帶來的父母的特別關照，他以前叛逆的原因在於他覺得自己總是生活在優秀的哥哥的陰影之下，因為他不能像哥哥那樣得到別人的欣賞，於是總是在反抗。但生病使他相信自己也可以像哥哥那樣得到父母的關照，因此，他學會了好好表現。

關於疾病還要注意的是，兒童對於經歷過的疾病有非常深刻的記憶，兒童從來都不知道會有危險的疾病和死亡這樣的東西，他們對此感到驚訝和恐懼。疾病留下的印記在兒童後來的生活中會表現出來，因為我們發現他們當中很多人對疾病和死亡情有獨鍾。其中有些人能合理利用他們對疾病的興趣——他們可能成為醫生或護士。但更多的人一直處於恐懼之中，他們深陷於疾病的陰影之中，無法從事有意義的工作。我們研究了超過一百位女性的傳記，發現幾乎一半的人承認自己生活中最害怕的就是與疾病和死亡有關的想法。

父母必須注意不讓童年時期的疾病給兒童留下太深的印象。面對這些事情時，父母要讓兒童有所準備，不要讓他們突然面對這樣的事情。父母應該讓兒童懂得，生命雖然有限，卻足夠我們做有意義的事情。

童年時期的另一個「危險的角落」是和陌生人、家人的熟人或朋友見面。由於這些人不是眞的對兒童感興趣，他們會犯下各種錯誤，他們以逗孩子爲樂，或者做一些能在短時間內影響兒童的事情。他們對兒童的表揚不著邊際，使兒童變得自負。在與兒童相處的短時間內，他們千方百計地寵愛兒童，給兒童日常的教育者製造諸多麻煩，所有這些都應該避免，陌生人不應該干涉父母的教育方式。

另外，陌生人經常把兒童的性別弄錯，把男孩稱爲「非常漂亮的小女孩」，或者相反。這也應該避免，我們將在關於青春期的章節中討論相關原因。

家庭大環境自然很重要，因爲家庭環境顯示了家庭參與社會生活的程度。或者說，家庭環境是兒童學會合作的第一場所，在孤立的家庭環境裡長大的兒童會在家人和其他人之間劃一道鴻溝。他們覺得家庭與外面的世界是隔絕的，認爲外部環境都是不友好的、充滿敵意的。孤立的家庭生活不能提升兒童的社會關係，它使兒童對外部環境總是持懷疑態度，只在意自己的利益。這樣，兒童社會情感的發展就會受挫。

兒童在三歲的時候就應該能參與其他孩子的遊戲，對於陌生人的出現不再恐懼不安。否則，在將來的生活中兒童會非常害羞、難爲情，與人交往的時候很不自然，對人會有敵對態度。被寵壞的兒童一般都具有這個特徵，這些兒童總是想「排斥」其他人。

如果父母能及早更正兒童的這些特徵，在將來的生活中兒童會少很多困難和麻煩。如果兒童在三歲或四歲前受到了非常好的養育（學會了如何與他人玩樂、如何參與集體活動），他將來不但不會害羞、以自我爲中心，也不會罹患上精神官能症甚至精神錯亂。只有那些生活孤僻、對他人不感興趣、不知如何與他人合作的人才可能發生精神錯亂或罹患上精神官能症。

討論家庭環境，我們可能需要提及由於經濟條件改變而引發的困境，如果一個家庭曾經非常富有，特別是在兒童很小的時候很富有，之後經濟條件變差了，很顯然會產生困境。對於被寵壞的兒童來說，這個困境尤其嚴重，因爲他們對於突然不能得到像之前那麼多的關注，他們會一直抱怨自己失去了曾經的優越條件。

如果家庭突然變得富有，對兒童的養育也會造成困難。對於如何恰當使用突然增多的財富，父母往往沒有準備，在對待兒童方面尤其如此。他們想讓孩子盡情快樂，想寵愛，甚至溺愛孩子，因爲他們覺得自己現在不用再斤斤計較了。結果，我們發現很多問題兒童都來自突然變富的家庭。眾所周知，當父親突然變得富有，其兒女成爲問題兒童的可能性就大大增加。

如果兒童學會了如何與他人合作，這些困境甚至災難就可能避免，所有這些困境就如打開的門，讓兒童有理由逃避學會必要的合作，因此，我們必須特別警惕。

不僅物質環境的異常（如貧窮和暴富）能影響兒童，心理環境的異常也會影響兒童。我們已經知道家庭的處境會帶來一些心理傷害，這些傷害可能來自個人行爲，如父母做了爲社會所不齒的行爲。在這種情況下，兒童的心理會受到重大傷害，面對未來，兒童會恐懼擔憂、如履薄冰，他們不會對同伴敞開心扉，害怕別人發現自己有這樣的父母。

父母不但有責任教導兒童閱讀、寫作和數學知識，還有責任爲他們的心理發展提供良好的基礎，使他們在成長中不會面臨比其他兒童更大的困難。因此，如果父親嗜酒如命或脾氣暴躁，他必須記住，他的這些行爲都會影響兒童，如果父母婚姻不幸福，經常吵架，受傷最嚴重的也是兒童。

這些童年經歷活生生地銘刻在兒童的靈魂深處，難以抹去。當然，如果兒童學會了合作，就能夠避免這些不良的影響。但是，他們生長的特殊環境使他們不可能從父母身上學會合作，這就是爲什麼近年來廣泛興起了在學校建立兒童諮詢診所的合作運動。如果父母因爲這樣或那樣的原因不能履行自己的職責，這個工作就必須由接受過心理培訓的老師來完成，老師能引導兒童過上健康的生活。

除了個人之間的偏見，民族、種族、宗教之間也存在偏見。這些偏見傷害的不僅僅是遭受羞辱的兒童，羞辱別人的孩子也會受到影響。他們會變得傲慢自負，認爲自己具有特權，當他們依照自己樹立的特權標準去生活時，卻往往會以失敗告終。

民族和種族偏見是導致戰爭的基本原因——戰爭是人類的巨大災難，要拯救人類的進步和文化，就必須消滅戰爭。教師的任務是向兒童展示戰爭的眞正面目，不讓兒童在舞刀弄槍的遊戲中輕鬆地表現自己對優越性的追求。這種教育方式不適合文明社會，很多參軍的男孩就是由於在童年時代接受了軍事教育。但是，除了這些參軍的人，更多的人由於童年時代軍事遊戲的影響，在之後的生活中變得心理不健全，他們一生都像戰士一樣生活——好尋釁打架，永遠都學不會如何與同伴友好相處。

耶誕節及其他節日是兒童收到玩具的時節，父母應該特別留意他們收到的玩具和遊戲用具，去除武器和戰爭類的玩具，包括那些崇拜戰爭英雄和戰爭行爲的書籍。

關於如何給兒童選擇合適的玩具我們可以長篇大論，但基本原則是：我們應該選擇那些能讓兒童在玩樂中激發合作精神和建設性意識的玩具。簡單來說，那些能讓兒童動手組裝的玩具，比那些已經做好的或現成的玩具（例如只是讓兒童撫摸娃娃或一隻玩具狗等等）更有價值。順便提一下，我們不應讓兒童把動物當成玩具或遊戲用具，而應該把牠們當成人類的好朋友。兒童既不應該害怕動物，也不應該對牠們發號施令或虐待牠們。當兒童對動物表現得殘忍冷酷時，他們很有可能支配和欺凌那些比他們弱小的人。如果家裡養了鳥類、狗或貓等動物，我們應該教育兒童把動物當成和人類一樣能感受痛苦的有生命的個體，學會與動物的友好相處可以爲以後與人合作做好準備。

兒童總是有各種親戚，首先是祖父母。我們必須以公平公正的態度來考察祖父母的情況和處境。在我們的文化中，祖父母的地位是比較悲慘的。隨著年齡的增長，人們發展的空間應該是愈來愈大的，應該有更多的娛樂和興趣，但在我們的社會中卻是相反的。老年人感覺自己被拋棄，也就是說，被流放到了一個角落。這是一種遺憾，因爲如果老人有更多工作和奮鬥的機會，他們可能會取得比現在大得多的成就，也可能比現在快樂得多。我們永遠都不要建議六十歲、七十歲，甚至八十歲的人從自己所從事的事業裡退出，繼續原來的事業比改變整個生活模式要容易得多。但由於我們錯誤的社會習俗，當老年人還精力充沛的時候就將他們閒置一邊，不給他們繼續展現自我的機會。結果發生了什麼呢？我們對待祖父母的錯誤方式反彈到了兒童身上，祖父母總是要證明他們還很有活力，對世界還有價值——他們本來不必證明這一點。爲了證明這一點，他們總是干涉孫輩的教育，對孫兒極度寵愛，祖父母試圖證明自己對於兒童教養還是很在行的，而這對於兒童來說無異於災難。

我們應該避免傷害這些好心的老人，但除了給他們提供更多活動的機會之外，我們應該讓他們知道，兒童應該成長爲獨立的人而不是其他人的玩具，而不應該是應對家庭緊急狀況的工具。如果老人和孩子的父母有爭執，就讓大人自己一爭高下，絕不要試圖把孩子拉到自己的陣營裡。

我們在研究心理疾病患者經歷的時候，經常發現他們是祖母或祖父最寵愛的孩子！我們馬上知道，祖父祖母的寵愛是如何使他們的童年陷入困境的，最受寵的孩子要麼被溺愛，要麼會引起其他兄弟姐妹的競爭和嫉妒。也有很多兒童對自己說：「我是祖父母最寵愛的孩子。」如果不是其他人最喜歡的孩子，他們會覺得自己不受重視且受到了傷害。

在其他親戚中，「聰明的表兄弟姐妹」也有著重要作用，他們可能被認爲是討厭的人，有時候他們不僅僅聰明，還很漂亮，我們很容易就明白這會給兒童帶來多大的麻煩——他總是被提醒他有一個聰明或漂亮的表兄弟或表姐妹。如果兒童有勇氣，而且具有社會經驗，他就會明白聰明只是意味著更好的學習和訓練，就會找到某種方法來超越表兄弟或表姐妹。但如果他相信聰明是天生的（大多數人這樣認爲），他就會感到自卑，感覺命運對自己很不公平。至於漂亮，肯定是上天賜予的，但在我們的文化中總是被看得太重。我們也知道，當兒童因自己有一個漂亮的表兄弟或表姐妹而感到難受的時候，他就有可能形成錯誤的行爲方式。即使二十年之後，人們還是能強烈地感受到童年時期對漂亮的表兄弟或表姐妹的嫉妒。

對於美貌的崇拜會給兒童帶來不良影響，消除這個影響的唯一途徑是讓兒童明白，健康和與他人友好相處的能力比漂亮更爲重要。在這裡我們並不是要否認漂亮的價値，與醜陋的人相比，我們當然更喜歡漂亮的人，但我們在合理規劃事情的時候，不能把某一種價値孤立出來，當成至高無上的目標。而這正是人們對於漂亮的態度。在犯罪人口中，有些長得相當漂亮，有些很醜陋。這個事實證明漂亮並不足以帶來理性、美好的生活。我們可以理解這些帥氣的男孩是如何成爲犯罪分子的，他們知道自己很帥，因而認爲理應得到所有東西。因此，他們對於生活沒有恰當的準備。然而，後來他們發現不努力就不能解決自己的問題，所以他們就選擇用難度最小的方式來解決問題。正如古羅馬詩人維吉爾所說：

「墜入地獄之路最容易……」

我們還應該說說兒童閱讀材料的問題。我們應該讓兒童閱讀什麼樣的書籍？如何看待童話故事？如何給兒童閱讀像《聖經》一類的書籍？值得重視的是，兒童理解事物的方式與成人截然不同，而我們往往都忽略了這個事實。我們也忽略了另一事實，即每一個兒童都是以自己的特殊興趣來理解事物的。膽怯的兒童在《聖經》和童話故事中會發現一些能讓他膽怯的故事，使他總是害怕危險。爲了保證兒童獲取故事想要傳達的意義，而不是他自己主觀、虛幻的解讀，童話故事和《聖經》段落的閱讀需要成人的評論和解釋。

閱讀童話故事當然是一件讓人很享受的事情，甚至成人都能從中受益匪淺，但童話故事中有一點必須修正，即故事的距離感。童話故事總是遠離特定的時間和地點，兒童很少能理解時間差異和文化差異，他們讀的童話故事寫於很久以前，但他們不明白這種時間差異。童話故事裡總是有王子，王子總是受到表揚和美化，他的整個人格顯得非常迷人，故事中描述的情境當然不曾存在，只是在一定時期因爲必須崇拜王子，而對王子進行了理想化的虛構。我們應該告知兒童這些事實，他們應該知道神奇的事情其實只是幻想，否則他們長大後可能也總想尋求輕而易舉的方法來解決問題，就如某個十二歲的男孩，當我們問他長大後想幹什麼的時候，他答道：「我想成爲一位魔術師。」

給童話故事增加恰當的評論，就可以促使兒童形成合作意識，並擴大他們的視野。

至於動畫片，可以說，帶一歲的孩子去看電影是不會有不良影響的，但一歲之後的兒童總是會誤解畫面，甚至童話劇情也經常被他們誤解。一個四歲的孩子在劇院看了某個童話故事，多年以後，他可能仍然相信這個世界上有賣毒蘋果的女人，很多兒童不能正確理解主題，或者把主題泛化到所有領域。父母有責任跟兒童作出解釋，直到他們對故事情節有了正確的理解。

兒童完全沒有必要閱讀報紙，以免受到這個外在因素的不良影響。報紙的對象是成人，不包含兒童的觀點。在某些地方有兒童的報紙及童書，這對兒童的發展較有利。但普通的報紙給毫無準備的兒童呈現的是扭曲的生活圖景，兒童開始相信我們的生活中充滿了謀殺、犯罪和事故，特別是對於事故的報導會讓年幼的兒童感到壓抑。我們可以從一些成年人的談話中知道他們在童年時期是多麼害怕火災，這種恐懼一直困擾著他們的心靈。

以上例子中討論的外部因素只是父母和教育者，在兒童教育中必須考慮的外部因素的一小部分。然而，這些是最重要的部分，說明了一般性原則。我們必須一次又一次地重申個體心理學的口號：「社會興趣」和「勇氣」。這兩個口號能很好地解釋這些問題，也同樣適用於其他問題。

第十二章

青春期和性教育

關於青少年的著作可謂汗牛充棟。這個主題確實很重要，但卻並不像人們想像的那般重要，青少年並非都是一樣：我們在這個群體中可以找到各種兒童——勤奮的、笨拙的、穿戴整潔的、髒兮兮到處跑的等。我們也發現有些成年人，甚至老年人無論外表還是行爲都像青少年。在個體心理學看來這並不奇怪，僅僅表明這些成年人在某個發展階段就停止成長了。在個體心理學看來，青春期實質上是所有個體都必須經歷的一個發展階段。我們並不認爲某個發展階段或某個情境會改變一個人，但和新的環境一樣，青春期就像一項測試，把青少年過去發展形成的個性特徵展現出來。

例如：一個孩子在童年時期被嚴密監管和看護，沒有體驗過自己的力量，不能表達自己想要的東西。在青春期，兒童的生理和心理都得到快速發展，這樣的兒童就會和童年時期有截然不同的表現，似乎變了個人。他會迅速發展，人格也會得到健康的發展。另一方面，有些兒童會停止發展，開始回顧過去，但回顧過去無法幫助他們找到當下正確的道路。因此，他們對生活失去了興趣，變得十分沉默。但這並不代表他們的童年倍受壓抑，然後在青春期釋放童年時期被壓抑的精力；相反，這表明他們在童年受到溺愛，因而沒有爲生活做好準備。

青春期使我們比之前更理解一個人的生活方式。原因當然在於青春期比童年時期更接近現在的生活。在青春期，我們能更清楚地看出兒童對於學科的態度，看出他是否能輕鬆地交上朋友，是否關心他人利益，是否是一個友善的人。

有時候這種社會興趣（social interests）不但不缺乏，反而會表現得很誇張。我們遇到一些青少年在這一方面失去了平衡感，一心只想犧牲自己成全別人。他們這是矯枉過正，而這可能對於他們的發展也是不利的。眾所周知，如果一個人眞心想爲別人做點什麼，想爲公共事業而奮鬥，他必須先照顧好自己。如果他想給予別人有意義的東西，自身就必須先具備有意義的東西。

另一方面，我們看到很多十四到二十歲的青少年完全沒有社會情感。他們十四歲時就已經離開學校，因而沒有機會再與老朋友接觸，他們要花很長時間才能建立新的人際關係，同時感覺自己被完全孤立了。

然後是職業的問題。青春期也能很好地解釋這些問題，會揭示他們在生活方式中形成的態度。我們發現，有些青少年變得非常獨立，工作極爲出色。這表明他們處於發展的正確道路上。然而，其他青少年在這個階段會停滯下來。他們找不到適合自己的職業，他們不停地改變，或者改變行業，或者改變學校等等。要不然他們就遊手好閒，完全不想工作。

所有這些症狀都不是在青春期產生的，只是在這個時期更清楚地顯示出來，也就是說，這些問題由來已久。如果我們眞正了解某個兒童，知道他在童年時期受到了監管、看護和限制，就能預測當他在青春期有機會更獨立地表現自我時會出現哪些行為。

我們現在轉到生活中的第三個基本問題——愛與婚姻。青少年對這個問題的回答顯示了他的人格。需要再次說明的是，這和前青春期並不是截然斷開的，只是青春期心理活動加強，使得這個問題的答案比之前更清楚而已。我們發現，有些青少年對於自己必須怎樣行動信心十足。他們對愛情要麼非常浪漫，要麼非常勇敢，不論什麼情況，他們都能找到對待異性的正確方式。

另一些青少年處於另一個極端，他們對於性的問題變得特別害羞。可以說，他們現在更接近愛情問題，因而更表現出他們對這個問題的準備不足。我們有可能從青春期的人格跡象準確地預測他們未來的行為模式。由此我們就能知道，如果想改變他們將來的行為模式，我們現在必須做什麼。

如果青少年對異性持非常消極的態度，追溯他的生活，我們就會發現他很有可能是好鬥的兒童。也許因為家裡其他孩子更受喜愛，他感覺非常壓抑。結果他相信他現在必須勇往直前，必須表現得很傲慢，拒絕所有情感的呼喚。因此，他對於異性的態度只是他童年經歷的一種反射而已。

青春期的孩子經常有離家出走的欲望，這也許是因爲一直以來他們對於家庭狀況都不滿意，因而非常渴望脫離家庭。雖然持續的家庭支持最符合青少年和父母的利益，但他們不想再要家裡的支持。此外，萬一孩子出現了什麼問題，缺乏父母的支持就會成爲他失敗的藉口。

有些孩子雖然待在家裡，但只要有機會，他們就會晚上跑出去玩，這和青春期的趨勢是一樣的，只是表現的程度要輕一點，晚上外出玩樂當然比安靜地待在家裡更具誘惑力。這也是對家庭間接的譴責，表明兒童在家總是被監管和看護，感到不自由。因此，他從來都沒有機會表現自我，找出自己的錯誤之處，而青春期是開始犯錯誤的危險時期。

許多孩子在青春期感覺自己突然失寵了，這種感覺比童年期更爲強烈。他們也許曾經是學校的好學生，受到老師的高度讚賞，然後突然轉到了一個新的學校，或者一個新的社交環境，或者換了一種新的職業。結果，就如我們也知道的，學校最好的學生進入青春期後不再是好學生了，他們似乎經歷了一種蛻變，但實際上他們並沒有改變，只是舊環境沒有像新環境一樣把他們的性格特徵眞實地反映出來。

從上面的討論中可以看出：預防青春期產生麻煩的最好的方法之一是培養孩子之間的

友誼。孩子們應該成為彼此的玩伴和朋友，孩子也應該與家庭成員及家庭以外的人員成為好朋友。家庭成員之間應該相互信任。兒童應該信任父母和老師。確實，雖然兒童在青春前期對父母或老師言聽計從，但只有得到兒童信任的父母或老師才能在青春期繼續引導他們，其他類型的父母和老師在這個階段會馬上遭到兒童的排斥；兒童不會跟他們分享任何祕密，完全把他們當成是局外人，甚至是仇人。

我們會發現，女孩正是在這個年齡階段開始表現出對女性角色的厭惡，開始模仿男孩。而模仿青春期男孩的不良習性，如吸菸喝酒和加入幫派，比模仿需要努力才能達成的美德要容易得多。女孩子也有藉口，那就是如果她們不模仿這些行為，男孩對她們就不感興趣。

如果我們仔細分析這些喜歡在青春期模仿男孩的女孩，會發現這些女孩從一開始就沒有喜歡過自己的女性角色。然而，這種厭惡之前被掩蓋起來了，只有在青春期才清楚地表現出來，觀察這個階段女孩的行為非常重要，因為我們能在這段時間發現她們將來對於自身性別的態度。

這個階段的男孩經常喜歡扮演非常有智慧、勇敢和自信的男人。另一些男孩害怕面對自己的問題，不相信自己能成為真正的、完整的好男人。如果他們的教育中存在男性性別教育的問題，在這個階段就會顯示出來了。他們會顯得女性化，行爲像女生，甚至會模仿女生的一些不良習性，如喜歡賣弄風情、搔首弄姿等。

與這一類極端女性化的男孩相反，有另一類男孩的男性特徵非常突出，甚至可能達到了另一個不好的極端。他們很擅長喝酒，過度性交，有時候甚至會犯罪，只希望能展現自己的男性魅力，想成爲超人、領導者或想使同伴對他們刮目相看的男性更容易表現出這些不良行爲。

然而，雖然這類男性表現得勇敢無比、有雄心壯志，但他們的內心卻隱藏著懦弱。最近在美國有一些這樣的壞榜樣，像希克曼、利奧波德和勒布等。觀察他們的生活軌跡，我們會發現他們對生活中的困難準備不足，總想尋求成功的便捷之道。這些人頭腦靈活，但勇氣不足，具備這兩種特徵的人最容易走上犯罪的道路。

我們經常發現，兒童會在青春期第一次出現讓父母驚訝的行爲，如果沒有考慮到兒童行爲背後隱藏的人格一致性，人們就會認爲這些兒童是突然發生了改變。但是，如果仔細考察以前發生的事情，我們就會明白，兒童的性格並沒有發生改變，只是現在他更有力量，也更可能把自己的力量付諸行動。

我們另外還要考慮的一點是，每個孩子在青春期都覺得自己面臨一項測試——必須證明自己不再是孩子。這個測試當然只是一種不可信的感覺，暗藏著危險，因爲每當人們覺得必須證明一件事情的時候，就很有可能走極端，青春期的孩子也是如此。

這確實是青春期最明顯的症狀之一。對付這個症狀的方法是向孩子解釋，他沒有必要向我們證明他不再是孩子，我們不需要證明。這樣做就有可能避免形成我們前面提到的那些誇張的特徵。

我們經常發現有些女孩會過分看重與異性的關係，變成「男孩控」。這些女孩總是和媽媽競爭，認爲自己受到了壓制（她們有可能眞的受到了壓制）。爲了發洩對媽媽的不滿，她們有可能和任何男人發生性關係。一想到媽媽得知她們和男人發生性關係後會痛苦萬分，她們就感到歡欣喜悅。很多青春期的女孩在與媽媽發生爭吵或是因爲父親過於嚴厲而離家出走後，第一次與男人發生了性關係。

爲了讓孩子成爲好女孩，父母壓抑、管制她們，諷刺的是，由於父母不懂得孩子的心理需求，反而促使她們變成了壞女孩。這種情況下，錯的不是女孩，而是她們的父母，因爲他們沒有讓女孩爲必須面對的情境做好準備。他們在青春期前對女孩保護過度，使她們沒有發展面對青春期誘惑所必須具備的判斷能力和自主能力。

有時候這些困境並沒有在青春期表現出來，而是在青春期後的婚姻中表現出來。但基本的原則是一樣的，只是因爲在青春期這些女孩很幸運，沒有碰到不利的情境，但不利的情境遲早會出現，我們必須讓孩子做好相關的準備。

我們用一個女孩具體的經歷來詳細說明青春期女孩的問題。這個女孩十五歲，家裡非常貧窮，不幸的是，她的哥哥總是生病，需要媽媽的特別照顧。從童年早期開始女孩就感覺自己和哥哥受到的關注不同，更糟糕的是，她出生後父親身體也不好了，母親必須照顧父親和哥哥兩個人。女孩目睹了兩個人被照顧、被關照是怎麼回事，因此，她極度渴望被照顧、被關照。但在家裡她不可能找到這種關照，特別是不久後妹妹降生，剝奪了她僅有的那一點關注。就好像命運的安排一樣，妹妹降生後父親的身體好轉，因此妹妹得到的關注比她小時候更多。孩子留意到了這些事情。

爲了彌補家裡缺失的關注，女孩在學校拚命念書。她成了班上最好的學生，因爲成績好，她被推薦繼續升學，一直讀到了大學。但她進入大學後，情況發生了一些變化。她的學業成績不再那麼優秀了，原因在於她的新老師並不認識她，沒有特別關注她。而她特別渴望被欣賞，現在家裡和學校都無法滿足她的這個渴望了。因此，她想尋找一個男人，能欣賞她、關注她。她和一個男人一起住了兩個星期之後，那個男人厭倦了她。我們本來可以預料到她應該意識到了這不是她渴望的欣賞。同時，她的家人開始擔心她，到處尋找她。突然家人接到了她的一封信，說：「我服了毒藥，別擔心，我很快樂。」很顯然，尋求快樂和欣賞無果之後，自殺是她下一步想做的事情。然而，她沒有自殺，她是用自殺來取得父母的原諒。她繼續在街上流浪，直到有一天母親發現了她，把她帶回了家。

如我們所知，如果女孩知道她整個一生都是在努力獲得別人的欣賞，那麼所有的事情都可以不發生。如果大學老師知道她一直以來成績都非常好，她需要的就是得到某種關注和欣賞，悲劇也不會發生。如果女孩經歷中任何一個環節能正確處理她的問題，都可以讓她免於毀滅。

這提出了性教育的問題，近年來，性教育的問題被可怕地誇大了。可以說，很多人對性教育非常瘋狂。他們認爲在任何年齡階段都要進行性教育，但他們誇大了性無知的危險性。然而，回顧我們自己和其他人的經歷，會發現性教育既不像有些人想像的那麼難，也不像有些人認爲的那麼危險。

個體心理學的經驗是：應該在兒童兩歲的時候就告訴他們自己的性別，讓他們知道自己是男孩還是女孩。同時，應該跟他們解釋清楚，他們的性別是不可以更改的，男孩長大後會成爲男人，女孩長大後會成爲女人。如果做到了這一點，即使欠缺其他知識，也不是那麼危險了。如果兒童清楚地知道女孩不會接受像男孩那樣的教育，男孩也不會接受像女孩那樣的教育，那兒童內心對自己的性別認識就固定了，並會以正常的方式來發展和準備自己的性別角色。但是，如果兒童認爲透過一些方法可以改變自己的性別，就會導致一系列的困難和麻煩，如果父母老是表示希望改變自己孩子的性別，這也會導致很多困難。《孤寂深淵》（*The Well of Loneliness*）[1]的主人公就是文學作品裡很好的例子。父母經常喜歡把女孩當成男孩來教育或者把男孩當成女孩來教育，他們給孩子穿上異性的服裝來照相。有時候，女孩看起來像男孩，周圍的人就開始把她當成男孩，這可能使兒童極爲困惑，而這個困惑本來是完全可以避免的。

我們也應該避免任何有關貶低女性、認爲男性高人一等的討論，應該教育兒童，男女兩性具有同等價值、同等意義。這不僅對防止女性產生自卑情節有重要作用，對避免對男性的不良影響也具有重要意義。如果男孩接受的教育不是男性具有高人一等的特權，他們

【1】譯者注：這是英國作家拉德克利夫・霍爾（Radclyffe Hall）寫於一九二八年的一部關於女同性戀的小說。書中的主人公史提芬・戈登（Stephen Gordon）在維多利亞時代末期生於烏斯特郡的一個上流家庭，家人本來期望降生的會是個男孩，所以在對史提芬施洗禮時，就用之前起好的男孩的名字爲她命名。在剛出生時，史提芬的身體就與眾不同，她是個「盆骨窄小，肩膀寬闊，像個小蝌蚪一樣的小嬰兒」。身爲女孩，她卻不喜歡裙裝，總想要將頭髮剪短，渴望成爲一個男孩。

就不會僅僅把女性當成洩慾的對象。如果他們理解將來的任務，也不會以醜陋的眼光來看待兩性之間的關係。

換言之，性教育的眞正問題不僅僅是跟兒童解釋性關係的生理技能，它涉及兒童是否對愛和婚姻有正確的態度準備，這與社會適應問題密切相關。如果一個人沒有很好地適應社會，他就會以兩性關係來開玩笑，而且完全只任性地從自我來看待事情。這種情況顯然經常發生，是我們文化缺陷的反映。因爲在我們的文化中男人更容易處於主導地位，因此女人就不得不承受這些不公平的待遇，但男人其實也遭受了不公，因爲由於這些虛假的優越性，他們脫離了內在的價值。

至於兒童接受性教育的年齡階段，我們認爲，兒童沒有必要過早接受性教育，可以等到兒童開始對性產生好奇、想要知道某些事情的答案的時候再開始性教育。如果孩子過於害羞，不敢提出問題，關心孩子的父母也會知道什麼時候適合引導孩子。兒童如果覺得父母是可以信賴的人，他就會提出問題，然後父母就可以根據孩子的理解程度來回答問題，在回答問題時，我們必須要避免刺激兒童的性衝動。

在這一方面，我們不必總是對表面上的性成熟表現得過於緊張。其實性發展很早就開始了，事實上從嬰兒出生的第一個星期就開始了，我們完全可以肯定，嬰兒也會體驗到性高潮，有時候還會透過刺激性敏感區尋求快感。如果看到兒童開始出現這些讓人難堪的行爲，我們不應大驚失色，而應裝作不是特別在意，並盡力阻止這些行爲。如果兒童發現我們特別擔心這些事情，就會故意繼續這些習慣，以獲得關注。當兒童眞的是利用一種習慣作爲獲得關注的工具時，我們認爲，兒童已經成爲性衝動的受害者。一般來說，幼兒試圖透過玩生殖器來獲得成人的關注，因爲他們知道父母擔心他們的這些行爲。這和兒童假裝生病的心理是一樣的，因爲他們注意到，當他們生病的時候，父母更加寵愛、關注他們。

我們不應該過多地親吻和擁抱孩子，以免刺激他們的身體，這對於孩子，特別是青春期的孩子而言是非常痛苦的，我們也不應該在精神上給兒童性刺激。兒童經常會在父親的書裡發現一些色情圖片，我們在心理診所經常聽到這些情況，兒童不應該接觸那些超過他們年齡階段的、有關性的書籍，也不應該觀看以性爲主題的電影。

如果避免了所有這些過早的刺激，我們就不用擔心兒童的性問題，我們只需要在恰當的時候給予簡單的解釋，不刺激兒童，總是以眞實而簡單的方式來回答他們的問題，最重要的是，如果要保持兒童對我們的信任，千萬不要對他們說謊。如果兒童信任父母，對於從同伴那裡聽來的有關性的解釋就會有所保留（也許百分之九十的人是從同伴那裡獲得性知識的），而相信父母所說的是眞的。相對於父母在這種情況下使用的各種推託和藉口，這種合作和朋友般的關係要重要得多。

過多或過早經歷性的孩子一般在後來的生活中會有迴避性，這也是爲什麼父母做愛時應該注意不讓孩子看到，如果條件允許，孩子不應該與父母同房睡覺，當然更不要同床。同樣，姐妹和兄弟也不應該睡在同一間房，父母必須時刻注意孩子的行爲，也要關注外部環境的影響。

上面所說的概括了性教育中最重要的內容，就如其他階段的教育一樣，在這裡我們也可以看到家庭中的合作意識和友好氛圍有著極爲重要的作用。有了這種合作意識，加上有關性別角色的早期知識和男女平等的觀念，兒童就有充足的準備來應對可能遇到的各種危險。最重要的是，他準備好了以健康的方式繼續生活和工作。

第十三章

教育的失誤

在養育孩子的過程中，父母和老師必須永遠阻止那些讓孩子心灰意冷的事情，當兒童的努力沒有取得立竿見影的效果時，我們不應讓他感到絕望；不要因爲兒童無精打采、缺乏興趣或特別消極就預言他們將一事無成；也不應該讓某種錯誤的觀念——有些孩子很有天分，有些孩子沒有天分——影響兒童。個體心理學認爲，我們應該給予所有的兒童更多的勇氣和自信，以促進他們的智力發展；要讓兒童明白困難不是不可逾越的阻礙，而只是需要面對和解決的問題。努力不一定帶來成功，但成功的案例足以彌補那些沒有結果的案例。下面這個案例很有意思，可以看到我們的努力帶來的成功。

這是一個十二歲的六年級學生的案例。他過去的成績非常糟糕，這讓他苦惱萬分，他的經歷非常不幸：由於得了軟骨病，他直到三歲才會走路，快到四歲的時候還只會講一點點話。四歲的時候母親帶他去看了心理醫生，醫生說他的情況不可救藥。然而，媽媽不相信，把他送去了一間兒童指導中心，在那裡他發展得還是很緩慢，沒有太多的起色。到他四歲的時候，家人決定送他去上學，上學的前兩年他在家裡接受了額外的輔導，因此能夠通過學校的考試，後來他勉強讀了三年級和四年級。

男孩在學校和家裡的情況是這樣的：在學校，他因懶惰而受到大家的注意。他抱怨自己無法集中注意力，不能專注地聽老師講課，他和同學的關係也不好，總是被同學嘲笑，總是表現得比別人弱。在所有的同學中，他只有一個朋友，他非常喜歡這個朋友，經常和他散步，他發現其他孩子都不友好，很難和他們接觸。儘管老師相信男孩能做得和其他同學一樣好，但也挑剔他數學很差，寫作也不好。

透過分析男孩過去的經歷和他能做的事情，我們可以清楚地知道，對男孩的治療是建立在錯誤的診斷之上的，這是一個飽受強烈自卑折磨的兒童，簡單地說，他有自卑情結。男孩有一個哥哥發展得很不錯。父母說，即使他哥哥不念書也可以進入大學。父母喜歡聲稱他們的孩子不用學習任何東西，而孩子們自己也喜歡吹噓這一點。很明顯，完全不念書是不可能的，哥哥可能是學會了在教室專心聽講，盡最大努力學習，記住了他在課堂上聽到和看到的知識，那些在學校不那麼專注的兒童就必須回家繼續念書了。

這兩個男孩的差異多大呀！我們的小男孩肯定經常感到沉重、壓抑，不得不承認自己不如哥哥能幹，遠不如哥哥有價值。他可能聽到母親在生他氣的時候就經常這樣說，或者，哥哥也經常叫他傻瓜或白癡，這眞是夠他受的。他媽媽說，當他不聽哥哥話的時候，哥哥經常踢他。這就是我們得到的結果：與其他人相比，男孩相信自己是毫無價值的人。生活似乎確認了他的信念。同學嘲笑他，學校作業總是出錯，他不能集中注意力。每一個阻礙都會讓他心驚膽顫。他的老師一次又一次地告訴他，他不屬於那個班級、那個學校。

很自然地，孩子最終相信他不可能逃出現在的處境，認爲別人對他的說法都是正確的。一個孩子如此心灰意冷，對未來沒有信心，這是多麼令人心痛的事情呀！我們很容易就能判斷出一個孩子已經喪失了信心，不是因爲我們興高采烈地和他聊天的時候他會發抖、臉色蒼白，而是從他的一些習慣性的小動作中就可看出來。當我們問他多大的時候（我們知道他是十二歲），他回答：「十一歲。」我們認爲，這絕對不是無心的過失，因爲大多數孩子都準確地知道自己的年齡。事實經常證明這些錯誤是有深層原因的。考慮到這個孩子的生活經歷，聯繫他回答的年齡，我們對他的印象是他試圖重溫過去，他想回到過去，回到比現在更小、更弱、更需要幫助的時候。

我們可以根據我們已經掌握的事實來重建他的信心，他不是試圖透過完成他這個年紀的兒童一般都能做的事情來拯救自己，而是相信他的發展不如別人，不能和別人競爭，並把這種信念付諸行動，減少自己的年齡表明了他自我感覺不如別人的心理狀態。有可能他回答十一歲，而在某些情境中的行爲像是五歲，他堅信自己不如別人，並試圖讓所有的活動都與這種假設的落後狀態相匹配。

他白天還會尿褲子，也不能控制大便，當兒童相信或者想相信自己仍然是嬰兒的時候就會出現這些症狀。這些都確認了我們的說法，即這個男孩想抓住過去，如果有可能，他想回到過去。

男孩家裡有一個保母，這個保母在他出生之前就在他家了，她非常喜歡這個男孩，只要有可能，她就會取代媽媽的角色，做孩子的支持者。我們可以得出進一步的結論，我們已經知道男孩是如何生活的，知道他早上不想起床。當描述他要多久才能起床時，家人表現出極爲厭惡的神情。我們的結論是：這個男孩不想上學。一個和同學相處不好、感覺自己受到壓迫、不相信自己能做任何事的人不可能喜歡上學。結果，他不想在早上按時起床去上學。

然而，他的保母說他是想去上學的。事實上，最近他生病的時候請求允許他起床。這和我們所說的一點也不矛盾。「保母怎麼會犯這樣的錯誤的？」這個事情很清楚，也很有趣。當他生病的時候，他是允許自己說想去上學的，因爲他很確定他的保母一定會說：「你生病了，不能去上學。」然而，他的家人並不理解這些看似矛盾的事情，對於應該怎麼教育這個孩子一籌莫展。透過多次觀察，我們發現保母也不能理解孩子眞正的想法。

之前發生的一件事情直接促使這個男孩的家人把他帶到了我們面前：他從保母那裡偷錢去買糖。這也表明他像小孩一樣行動——拿錢去買糖是特別幼稚的行爲。很年幼的孩子無法控制買糖果的欲望，會這樣拿錢去買，也無法控制大小便。這種行爲的心理學意義是：「你必須看著我，否則我就會搗蛋。」男孩總是會創造一些情境，使得大人老是關注他，因爲他對自己沒有信心。當我們比較他在學校和家裡的情況時就會很清楚，在家裡他能使家人關注他，但在學校他不能，誰曾經嘗試糾正這個男孩的行爲呢？

在男孩被帶到我們這裡之前，他被認爲是落後的、差勁的兒童，但他根本不是這樣的孩子。只要他重新樹立自信心，就能成爲一個完全正常的孩子，和他的其他任何同學一樣取得成功。他總是對事物抱有悲觀的態度，在沒有嘗試之前就接受了失敗。他的每一個動作都表明他缺乏信心，老師的描述也證實了這一點：「不能集中注意力，記憶力差，心不在焉，沒有朋友等。」他的挫折感如此明顯，以至於沒有人可以視而不見，而環境又對他如此不利，以至於他難以改變自己的觀點。

填寫完我們的個體心理問卷後會有諮詢環節。我們不但要見孩子，還要見一整群人。首先是媽媽，媽媽很久以前就對他不再抱有希望，只是希望他能繼續上學，最終能找點事情來做。其次是哥哥。哥哥看不起弟弟，對他很輕視。

對於「你長大後想幹什麼」這個問題，這個男孩自然沒有答案。這非常典型，一個半大的孩子眞的不知道自己將來想幹什麼是非常值得懷疑的。確實，人們一般不會從事童年時期選擇的職業，但那沒有關係，至少，他們是有理想指引的。兒童在早期想成爲總統、保全、售票員或者任何在他們天眞的眼裡可見的、吸引人的職業。但如果兒童沒有明確的、從自身經歷出發的目標，很可能是他不想去看未來，想逃避未來及一切與未來相關的問題。

這似乎與個體心理學的一個基本主張相矛盾，我們一直在說兒童有追求卓越的性格特徵，每一個孩子都想展現自己，變得比別人強大，想獲得成功。突然，我們看到這個孩子幾乎是處於相反的一端：他想後退，想變小，想要別人支持他。怎麼解釋這一點呢？精神生活的運作絕對不是簡單低級的，通常有複雜的背景。從複雜的情況中得出幼稚的結論總是錯誤的，所有這些複雜的事物都具有欺騙性，除非對事物的來龍去脈有清晰的了解，否則任何辯證、試圖從事物中得出與事物本身相反的東西都是令人困惑的。例如：那個男孩是在掙扎著後退，因爲這樣他就會顯得最強大，而且處於最安全的位置。事實上，很好玩的是，這些孩子是正確的。當他們眞的是最小、最弱和最無助的時候，也就是他們最強大或強勢的時候，而且人們對他們沒有任何要求。這個孩子沒有自信，擔心自己會一事無成。那麼，我們能認爲他會自願面對一個對他有所期待的未來嗎？只要以力量和能力來衡量作爲個體的他，他都避之唯恐不及。因此，除了極少量幾乎不需要努力的活動之外，他還能做什麼呢？這樣我們就明白，他只想在極少的事情上努力獲得認可，並且是那種他很小的時候依賴他人而獲得的認可。

我們不但必須與男孩的老師、媽媽和哥哥會談，也要和他的爸爸及我的同事會談。這樣一系列的會談工作量很大，如果我們能贏得老師的合作，就可以節省大量的工作。這並非不可能，但並不容易。很多老師仍然固守傳統的方法，認爲心理測驗是多餘的。很多老師要麼擔心心理測驗會降低他們的權威，要麼認爲心理測驗的干預效果得不到保證。當然，事實並非如此。心理學並非是一蹴可幾的科學，它需要不斷地學習和實踐。然而，當人們對它持有錯誤觀點的時候，它的作用就極其有限。

寬容是人們必備的品質，對於教師而言尤其如此。對新的心理學觀念保持開放的心態才是明智之舉，即便它們看起來與我們現有的觀點相牴觸。在當今環境下，我們無權直接反駁老師的觀點。那麼在這種困難的情境中我們應該怎麼做呢？依我們的經驗，面對這種情況，只能把孩子帶離目前的困境，也就是說，讓他離開之前的學校。這樣做不會傷害到任何人。男孩會進入一個新的環境，沒有人了解他。他可以小心翼翼，不讓別人認爲他很差勁，不讓別人輕視他。具體如何安排不那麼容易解釋清楚。在這個過程中，家庭環境有極其重要的作用。也許不同的案例處理方式稍有不同，但是如果有一大批老師精通個體心理學，能用理解的眼光來看待這些案例中的兒童，並在學校幫助他們時，對這些兒童的教育就會輕鬆很多。

第十四章

對父母的教育

就如我們前面幾次提到的，這本書的讀者對象包括父母和教師，兩者同樣都能受益於新心理學對兒童精神生活的洞察。在最後這一章，我們要說的是，只要兒童能得到良好的教育，其教育和發展主要是在父母的幫助下進行的還是在老師的支持下進行的，其實並不重要。我們這裡指的當然是課外教育，即人格的發展（教育最重要的組成部分），而不是各個科目的學習。雖然父母和教師對教育都有所貢獻——父母能糾正學校教育的偏差，老師能糾正家庭教育的偏差——但在大城市裡，在現代社會和經濟條件下，教師確實承擔了更多的責任。總體來說，父母不像教師那樣容易接受新思想，因爲兒童教育是教師的專業所在。因此，如果個體心理學希望爲兒童的將來做好準備，主要應該轉變學校和教師的觀念。當然，父母的合作永遠都是最好的結果。

這樣，老師的教育工作不可避免地會和父母產生衝突，這是因爲老師的糾正工作在某部分間接表示了父母教育的失敗。在一定意義上，這是對父母的一種譴責，父母經常能感覺到這一點，老師在這種情況下如何處理和父母的關係呢？

接下來我們就討論這個問題。當然，我們是從老師的角度來寫的，老師需要把父母作爲一個心理問題來處理。如果做父母的讀到了這些話語，也不需要生氣，因爲這只是針對那些不明智的父母，是那些父母使老師必須處理這種普遍的現象。

很多老師說，面對問題兒童的父母比面對問題兒童本人還要艱難。這個事實表明老師在這個過程中需要有一些技能。老師的行動必須一直堅持這個假設：問題兒童表現出的不良品質不應該全部由父母負責。畢竟父母不具備專業的教學技能，通常是根據傳統來教育兒童。當他們因為孩子而被請去學校的時候，感覺自己像被控告的罪犯。這種情緒雖然說明父母已經從內心意識到自己有錯誤，但老師在處理的時候要非常有技巧。因此，在這種情況下教師最好能使父母的態度變得友好和放鬆，把自己當成是父母的助手，相信他們的出發點都是好的。

即使有正當的理由，老師也永遠不要譴責父母，如果我們能和父母達成某種協定，說服他們改變態度，並按我們的方法來教育兒童，對兒童的教育就會事半功倍。指出父母在過去對待孩子時所犯的錯誤是毫無意義的，我們必須做的是盡力使他們採用新的方法。而指出父母這裡或那裡做錯了只會得罪他們，使他們不願意合作。一般來說，孩子變壞並不是突然發生的，總會有一個過程。父母來到學校的時候相信自己忽略了某些東西，但千萬不要讓父母感覺到我們也是這樣認為的。永遠不要以武斷或獨斷的方式跟父母說話，給父母提建議的時候不要以權威自居，說話的時候要用「也許」「可能」「大概」「你也許可以這樣試一試」等語句。即使我們清楚地知道錯誤在哪裡，並知道如何改正這些錯誤，也不應該直接向父母指出來，好像我們想強迫他們似的。很明顯，並不是所有老師都具備這麼多技能，這些技能的掌握也不能一蹴可幾。班傑明·富蘭克林[1]在他的自傳表達了同樣的思想，他寫道：

「一個教會的朋友曾經善意地告訴我，一般人都認為我很驕傲，在和人交談時我經常會表現出自己的驕傲，商討觀點的時候我不滿足於證明自己是對的，還顯得相當傲慢無禮，他列舉了幾件事情來說服我。我決定盡可能努力改正自己這個不良習性或荒唐脾氣，還要求自己要謙卑，謙卑包括了很多的含義。

「我不能吹噓說我已經成功地實行謙卑這個美德，但表面上看起來我好很多了。我規定自己不要直接反駁別人的觀點，也不要對自己的觀點過於肯定。我甚至不允許自己使用那些意味著肯定觀點的詞語或表達方法，如『當然』『毫無疑問』等；相反，我會使用

【1】譯者注：班傑明•富蘭克林（1706—1790），美國著名政治家、物理學家，同時亦是出版商、印刷商、記者、作家、慈善家，更是傑出的外交家及發明家。他是美國獨立戰爭時重要的領導人之一，參與了多項重要文件的草擬，並曾出任美國駐法國大使，成功取得法國對美國獨立的支持。班傑明•富蘭克林曾經進行多項關於電的實驗，並且發明了避雷針、雙焦點眼鏡、蛙鞋等。他被選爲英國皇家學會院士，也曾是美國首位郵政局局長。法國經濟學家杜爾哥評價富蘭克林：「他從蒼天那裡取得了雷電，從暴君那裡取得了民權。」

『我設想』『我理解』或『我猜想某件事情是這樣的』，或者『現在我是這麼認爲的』。當我認爲別人所說的觀點是錯誤的，我會控制自己想直接反駁他，並馬上指出他觀點中的荒唐之處的快感；應答的時候我會先說在某些情況或條件下他的觀點是正確的，但在當前的情況下我對此有不同的看法等等。我表達自己觀點時的這種謙卑的態度使別人更願意接受，也更少人反駁我的觀點；當我錯了的時候也沒有那麼難堪和丟面子，也更容易說服別人放棄他們的錯誤觀點，接受我正確的觀點（如果碰巧我是對的）。

「剛開始採用這種謙卑的待人方式時需要克服自己的本性，最後就變得非常容易，成了我的一個習慣。也許在過去的五十年中，從來沒有人聽我說過一句武斷的話。我想，主要是因爲這個習慣（還包括正直的品格），早期我主張建立新制度、改變舊制度時才能贏得民眾的支持；後來，也是這個習慣使我成爲眾議員時能產生那樣大的影響。我並不是優秀的演講家，從來不善於雄辯，選擇詞語的時候會優柔寡斷，很少能正確使用語言，但我一般都能實施我的主張。

「事實上，可能沒有任何本性像驕傲那樣難以克服，我們掩飾它，與它鬥爭，打敗它，遏制它，盡力克制它，它仍然生生不息，不時會偷偷溜出來，表現一番。也許你在我這本自傳中就經常可以看到，因爲即使自認爲已經完全克服了驕傲，我可能還在爲自己的謙卑而驕傲。」

當然，這些話並不適用於生活中的所有情境，我們既不能這樣預期，也不能這樣要求。然而，富蘭克林的態度告訴我們，用挑釁的態度去反對別人是多麼不合適，是多麼失敗。生活中並沒有適用於所有情境的基本規則，每一條規則都只適用於特定的範圍，一旦超出這個範圍就會馬上失效。當然，在有一些情境中使用強勢的語言是唯一正確的選擇。但是，當我們考慮到老師和父母的處境（憂心忡忡的父母爲了孩子曾經很丟臉，現在還準備繼續丟臉），考慮到沒有父母的配合，我們無法開展任何工作時，很顯然，爲了幫助兒童，富蘭克林的方法是唯一合理的方法。

在這種情況下，重要的不是證明誰是正確的或顯示自己的優勢，而是必須爲幫助兒童做好準備，這當然會存在很多困難。很多父母不想聽取任何建議，有些父母因爲老師指出他們和孩子處於不利的情境而感到吃驚和憤怒、不耐煩、不友好。這些父母通常會在一段時間內對孩子的缺點視而不見，對現實狀況自欺欺人。突然之間，他們被迫睜開眼睛面對現實，整件事情都是令人不快的。所以，當老師以唐突激進的方法來靠近這些父母時，完全沒有可能把他們拉到老師這一邊。很多父母甚至更加過分，他們見到老師就說一些義憤填膺的話，讓老師無法靠近自己。在這種情況下，最好讓父母知道老師需要他們的幫助；

最好讓他們冷靜下來，用友好的方式和老師溝通。不要忘記，父母經常深受傳統和陳舊觀念的影響，他們不可能很快就解放出來。

例如：一個父親習慣於以嚴厲的語言和刻薄的表情來打擊孩子，十年後你讓他突然以友好的表情和善地和孩子說話，當然是相當困難的。值得注意的是，當父親突然轉變他對孩子的態度時，孩子剛開始的時候是不相信的，認爲這不可能是眞的轉變。他會認爲這只是父母的欺騙手段，慢慢地才會相信父母的轉變是眞的。高級知識分子也不例外。有一個中學校長，曾經喜歡批評和指責孩子，使孩子幾乎到了崩潰的邊緣，和我們的一次談話之後，校長意識到了這一點。回家後，他和兒子進行了一次嚴厲的談話，他再次勃然大怒，因爲他兒子非常懶惰。每次兒子做的事情不如他意時他就會發脾氣，並冷酷地指責兒子。如果自認爲是教育者的父親都可能是這樣，那我們可以想像那些在孩子犯錯就必須用鞭子抽打的教條思想下長大的父母會怎樣，老師必須使用一切交際技能和巧妙措辭來與父母交談。

我們必須記住，來自底層的家庭更信奉棍棒底下出人才，認爲體罰是教育兒童的必要手段。因此，來自這些階層的兒童在老師那裡接受批評之後，回家等待他們的是父母再一次的懲罰。可悲的是，我們很多的教育努力經常因爲父母在家的不明智之舉而付諸東流。

這樣，兒童經常因爲同樣的錯誤被懲罰兩次，而我們認爲一次懲罰就足夠了。

我們知道這種雙重懲罰有時會導致嚴重的後果。例如：一個孩子必須把很差的成績單帶回家，因爲害怕被打，孩子沒有把成績單給父母看，然後又害怕到學校後受到老師懲罰，他就會蹺課，或者模仿父母的筆跡在成績單上簽名。這些事情我們不應該忽略，或者認爲這無足輕重。我們必須結合兒童所處的環境來看待他們。我們必須自問：我這樣做的話會發生什麼？對孩子造成怎樣的影響？我有幾分把握這麼做一定會對孩子有益？兒童的年齡是否能承擔這些負擔，並從中學到建設性的東西？

我們知道，兒童和成人對困難有完全不同的反應，我們在對兒童進行再次教育的時候要特別謹慎，在試圖改造兒童的生活模式之前應對結果有相當的把握。在兒童教育和再教育過程中考慮周全、判斷客觀的人往往能更準確地預測自己行爲的結果。在教育工作中，實踐和勇氣都是必須具備的，就如我們堅定的信念一樣——不管環境如何，總有辦法讓兒童免於崩潰。最重要的是那條歷史悠久、牢不可破的規則：愈早愈好。習慣於把人看成是一個整體，把症狀看成是整體的一部分的人比那些習慣於只抓住症狀，然後根據僵硬的模式來處理事情的人（例如：一個孩子沒完成家庭作業，老師馬上就寫紙條告訴父母）更能理解和幫助兒童。

我們正處於一個新的時代，應以新的觀念、新的方法和新的理解來教育兒童，科學正在廢除那些過時的習俗和傳統。對於我們正在接受的新知識，老師承擔著更多的責任，但作爲補償，這些知識使老師對於兒童的問題有了更深入的理解，更有能力幫助他所教育的兒童。我們必須記住的重要的一點是，個體的行爲表現如果脫離了人格整體是毫無意義的，只有當我們把這些行爲與兒童的其他方面聯繫起來時，才能眞正理解這些行爲。

附錄

個體心理學問卷調查

（用於理解和診治問題兒童，由國際個體心理學會編制）

1.導致孩子問題發生的原因何時出現？第一次發現孩子有問題時，他處於什麼狀態（心理的或其他方面的）？

下面這些事情特別重要：環境的改變，開始上學，家庭添了新的孩子，弟弟或妹妹，學校功課不好，換了老師或學校，有了新的朋友，生病，父母離婚，父母再婚，父母過世。

2.孩子童年早期在下面這些方面有沒有異常的地方：精神或身體虛弱、膽小、粗心、克制、笨拙、羨慕、妒忌、吃飯、穿衣、盥洗或睡覺特別依賴別人？孩子害怕獨處嗎？怕黑嗎？了解自己的性別角色嗎？有沒有第一、第二或者第三性別[1]特徵？孩子是如何看待異性的？是繼子嗎？是私生子嗎？是養子嗎？是孤兒嗎？養父母是如何對待他的？和養父母還有聯繫嗎？孩子學走路和說話的時間是否正常？有沒有困難？牙齒發育正常嗎？在閱讀、繪畫、唱歌、游泳方面有沒有特別的困難？有沒有特別依戀母親、父親、祖

【1】譯者注：「第三性別」是女性主義者從二十世紀八十年代開始提出和宣傳的一個新概念，第三性別是指跨性別者、雙性人、變性人等，除男女兩性外的所有性別。

父母或其他撫養者？

我們必須確定兒童對環境是否有敵意，然後尋找其自卑感的根源；確定他們是否有迴避困難的傾向，是否表現出自我中心或神經過敏的特徵。

3.孩子經常惹麻煩嗎？他最害怕什麼？最害怕誰？晚上會哭嗎？會尿床嗎？他只是對比自己弱小的孩子蠻橫無理還是對所有孩子都這樣？他會強烈要求和父母一起睡覺嗎？他笨拙嗎？有佝僂病嗎？智商怎樣？經常被嘲笑和愚弄嗎？在髮型、衣服、鞋子等方面有虛榮心嗎？會沉溺於咬指甲或挖鼻孔嗎？會貪吃嗎？

了解兒童是否能在某種程度上勇敢地努力追趕優勝者、頑固的疾病是否妨礙了其行動欲望對我們理解兒童具有啓發意義。

4.他容易交朋友嗎？對人、對動物是寬容還是喜歡取笑、折磨他們？他喜歡蒐集或儲存東西嗎？他貪婪嗎？他喜歡領導別人嗎？喜歡封閉自己嗎？

這些問題和兒童的交往能力和受挫的程度相關。

5.鑒於對以上全部問題的回答，目前兒童的情況如何？他在學校的表現如何？他喜歡學校嗎？他總是很匆忙嗎？他準時嗎？做練習和考試的時候興奮嗎？他會忘記或拒絕做學校的作業嗎？他浪費時間嗎？懶惰嗎？缺乏專注嗎？會在課堂上搗亂嗎？他是如何對待老師的？他對老師挑剔、傲慢、冷漠嗎？功課遇到困難時，他是主動請求別人幫助還是等待別人幫助？他在體育和運動方面爭強好勝嗎？他認爲自己是相對比較愚笨還是非常愚笨？他熱衷於閱讀嗎？喜歡讀哪一類作品？

這些問題有助於我們理解兒童對學校生活的準備程度，及「入學測試」的結果，也有助於我們了解兒童面對困難時的態度。

6.有關下列家庭環境的準確資訊：家庭成員的疾病、慢性酒精中毒、犯罪傾向、精神官能症、虛弱、梅毒、肺結核、生活標準。有沒有家庭成員過世？孩子多大年紀的時候第一次面對死亡？他是孤兒嗎？誰是家裡的精神主宰？家庭教育是嚴格的（經常埋怨、找碴）還是寬容的？家庭影響使兒童對生活產生恐懼感嗎？家庭監管怎麼樣？

從兒童在家庭裡的地位和態度我們就有可能判斷他受到了什麼影響。

7.兒童在家庭中的位置如何？是最大的、最小的、獨生子女、唯一的男孩或唯一的女孩嗎？有敵對情緒嗎？經常哭嗎？惡意嘲笑別人嗎？很喜歡貶低別人嗎？

上面的這些問題對於研究性格非常重要，也有利於解釋兒童對待他人的態度。

8.兒童對於職業有任何選擇性傾向嗎？他是如何看待婚姻的？家裡其他人從事什麼職業？父母的婚姻生活怎樣？

這些問題可以判斷兒童對未來是否有足夠的勇氣和信心。

9.他最喜歡的遊戲、故事及歷史或小說中的人物是什麼？別的孩子玩遊戲的時候他喜歡搗亂嗎？他想像力豐富嗎？他是頭腦冷靜的思想者嗎？他喜歡胡思亂想嗎？

這些問題會反映出兒童在生活中是否有扮演英雄的傾向，相反則可認爲是缺乏勇氣。

10.兒童最早的回憶是什麼？有沒有對以下的夢印象深刻或反覆做類似的夢：飛翔、摔落、無能爲力、趕車遲到、焦慮？

由此我們可以發現兒童是否有自我封閉的傾向，是否過度小心謹慎，是否野心勃勃，是否喜歡跟著某個人或在鄉村生活等等。

11.兒童在哪一方面心灰意冷？他認爲自己受到了忽略嗎？樂於受到關注和表揚嗎？有迷信思想嗎？逃避困難嗎？嘗試了無數的事情，但最終都以放棄告終嗎？對未來不確定嗎？他相信遺傳的有害影響嗎？他周圍的人一直在打擊他嗎？他對生活的態度悲觀嗎？

對這些問題的回答可以證明兒童是否已經喪失了自信心，是否已經走上了錯誤的道路。

12.有其他諸如做鬼臉、裝傻、幼稚、滑稽之類的花招或壞習慣嗎？

這些情況表明兒童還有一絲勇氣，因爲他還在尋求關注。

13.他有語言缺陷嗎？長得難看嗎？腳畸形嗎？是內八字腿或羅圈腿（O型腿）嗎？矮小嗎？異常肥胖或高嗎？身材比例失調嗎？眼睛和耳朵有異常嗎？智力發育遲緩嗎？是左撇子嗎？晚上睡覺打鼾嗎？特別帥氣嗎？

通常來說，兒童會誇大這些不利因素，這些因素使他們長期處於心灰意冷之中，特別可愛的兒童的發展也可能出現偏差，這些兒童認爲，他們理應輕而易舉地得到所有他們想要的東西，因而會錯失無數鍛鍊自己的好機會。

14.他們經常會說自己在學校、工作和生活中無能、「缺乏天分」嗎？有自殺的想法嗎？他的失敗和困難有時間方面的關聯嗎？他會誇大一些膚淺的成功嗎？他會屈服、固執己見或叛逆嗎？

這些是兒童極度沮喪的表現，一般來說，在兒童試圖努力克服困難但失敗之後表現得最明顯，他失敗的原因一方面在於其努力是無效的，另一方面是因爲他不理解自己接觸到的人。但是他的意願必須在某一方面得到一定程度上的滿足，否則，他就會尋找其他更容易的方法來滿足自己的願望。

15.列出兒童做成功的事情。

這些「積極的表現」給了我們重要的啓示，因爲這些積極的表現有可能使兒童的興趣、傾向和準備從此轉向不同的方向。

對這些問題的回答（我們永遠不應該按固定的順序或程式來問這些問題，而應該是建設性的談話）構成了正確的個體性概念。雖然失敗不是理所當然的，但卻是可能的、可以理解的。有了這個正確的概念，當兒童犯錯的時候，我們就應該耐心、和善地解釋，而不是威脅他們。

附錄

五個案例及其分析

案例一

男孩，十五歲，是家裡的獨生子，父母經過努力奮鬥獲得了中等生活條件。他們很注意滿足男孩在物質方面的所有需求。在童年早期，男孩非常快樂和健康，他媽媽是很好的女人，但很喜歡哭。她費了九牛二虎之力才完成對兒子的描述，並且多次中斷。我們不認識孩子的父親，但媽媽說他是一個誠實、精力充沛的人，熱愛家庭，非常自信。在男孩小時候，一旦他不聽話，父親就會說：「如果我不把他制得服服貼貼的，將來就無法收場。」他所謂的服服貼貼是指給男孩樹立一個好榜樣，不用費力說教，只要孩子做錯事情，他就會用鞭子責罰。在童年早期，男孩很不聽話，在家裡非常任性，想成為家裡的主宰，這在被寵壞的獨生子女身上非常常見。他很早就表現出極度地不服從，並形成了不服從的習慣，只要他覺得父親不會打他，他就拒絕服從。

講述到這裡，如果要問這個孩子會形成什麼明顯的性格特徵，我們可以很肯定地告訴你：撒謊。他會以撒謊來逃避父親的懲罰。確實，媽媽接下來就主要抱怨他撒謊這一點。現在孩子十五歲了，父母從來都無法知道他是在撒謊還是在說實話，進一步探尋的時候，我們了解到：這個孩子在教會學校上過一段時間，那裡的老師也抱怨他不聽話，經常擾亂課堂。例如：在請他回答問題之前就喊出答案，或者問問題只是爲了搗亂，或者在課堂上大聲和同學說話。他寫的作業簡直無法辨認，他還是左撇子。他的行爲最終變得無法無天，只要擔心父親懲罰，他就以撒謊來逃避。首先父母還是決定讓他在學校繼續念書，但最近他們不得不帶他回家，因爲老師說他們對這個孩子已經無能爲力。

男孩看起來非常活躍，他的聰明也得到了所有老師的認可。他上完公立學校後必須參加考試，以進入中學念書。媽媽一直等他考完，他說已經通過了考試，所有人都很開心，一起到鄉下去度假。在度假期間男孩還經常提到即將要去的中學。學校開學之後，男孩收拾好書包去上學，每天中午回家吃飯。然而，有一天，媽媽和他一起走了一段路，路上聽到一個人說：「這是今天上午告訴我去車站的路的男孩。」媽媽問他那個人說的是什麼意思，是不是那天上午他沒有去上學。男孩回答說學校的課在上午十點就結束了，他和那個人一起走到了火車站。媽媽對這個解釋有點懷疑，後來和爸爸說了這件事情。父親決定第二天陪兒子去上學。第二天上學的路上，經不住父親一再地詢問，男孩坦白他並沒有通過入學考試，從來就沒去過中學，這些日子他一直在街上流浪。

父母請了家庭教師來輔導他的功課，男孩最終通過了考試，但他的行爲並沒有改善。他還是擾亂教學秩序，後來還開始偷東西，他從媽媽那裡偷了錢，還堅決不承認，在威脅他要叫警察的時候他才不得不承認了。現在，這個男孩的可悲之處在於所有人對他都失去了信心，對他視而不見。父親曾經信心滿滿，以爲他能糾正兒子，現在因爲絕望而放棄了。在學校，男孩受到懲罰時沒人理睬，誰也不和他說話，也不在意他。他父母也聲明不再打他。

當我們問媽媽：「孩子從什麼時候開始出現問題的？」媽媽回答說：「從出生開始。」聽到這個回答，我們認爲媽媽是想暗示男孩這些壞的行爲是天生的，因爲父母已經竭盡所能地使他變好，但都沒有成功。

當還是嬰兒的時候，男孩就特別不安分，無論白天還是晚上都哭個不停。然而，所有的醫生都說他非常正常，非常健康。

事情並沒有看起來那麼簡單，嬰兒啼哭這個事實並沒有什麼。啼哭的原因很多，特別男孩是家裡的獨生子，他的媽媽並沒有相關的經驗。孩子啼哭很多時候是因爲尿溼了，不舒服，而媽媽不一定總是知道。他哭的時候媽媽是怎麼做的呢？她把孩子抱起來，搖一搖，給他些吃的。實際上她應該做的是找出他哭的眞正原因，給孩子換個尿布，讓他感覺舒服，然後就不用特別關注他了。這樣孩子就會停止哭泣，也不至於現在還背著過去很愛哭的黑鍋。

媽媽說他學走路和學說話的年紀都很正常，牙齒發育也很正常。他有一個習慣——把剛拿到手的玩具弄壞，這樣的行爲通常並不必然表明孩子的人格很壞。值得注意的是媽媽對他的評論：「他不可能專注地做任何事情，哪怕很短的時間也不行。」那麼，媽媽應該怎樣讓兒童學會獨立玩耍呢？辦法只有一個，那就是兒童應該有獨立玩耍的空間，成人不要經常打擾他。我們懷疑這位媽媽沒有做到這一點，好些話都說明了這一點。例如：男孩總是讓她做這做那，總是纏著她等等。這是孩子剛開始誘使媽媽溺愛他，是兒童最原始的本能。

孩子從來沒有獨處過。

很明顯，媽媽這樣說是在爲自己辯護。

他從來沒有一個人待過，直到現在他也不喜歡獨處，哪怕只有一個小時，無論是傍晚還是晚上他都沒有獨處過。

這些話證明孩子和媽媽的關係是多麼緊密，孩子一直以來是多麼依賴媽媽。

他一直什麼都不怕，直到現在都不知道什麼是害怕。

這個言論有悖心理常識，因爲這和我們的發現不一致，進一步考察這些事實，我們就知道是怎麼回事了。男孩從來沒有獨處過，因此，他沒有必要害怕，因爲對於這些孩子來說，害怕只是他們強迫其他人陪伴他們的手段，一直都有人陪著，他們也就沒有必要使用這個手段了。本來只要男孩單獨待著，他就會感受到害怕的情緒，媽媽一直陪著他的結果是這個男孩一直沒有機會體驗到害怕。還有另一個看似矛盾的地方。

他非常害怕他爸爸的藤條。因此，他也會害怕？然而，雖然有時候爸爸打他打得特別狠，但只要鞭子一拿開，他馬上就忘記了，重新變得生龍活虎。

令人遺憾的是，這裡我們看到了爸爸媽媽對比鮮明的態度：媽媽妥協，爸爸嚴厲，想糾正媽媽的軟弱。由於爸爸的嚴厲，孩子愈來愈靠近媽媽。也就是說，他轉向了溺愛他的人，因爲從那裡他可以輕而易舉地得到所有東西。

男孩六歲進入教會學校後由牧師監管，那時老師開始投訴他好動、不安分、做事不專心。老師對他行爲的投訴經常比對他成績的投訴多得多，最突出的是他的不安分。當兒童想吸引別人的注意力的時候，還有什麼是比表現得不安分更好的方法呢？這孩子想獲得關注。他已經習慣了媽媽無時無刻的關注，現在，他想吸引學校更大群體成員的注意力。當老師不理解孩子的這個目的時，就會專門諷刺他、訓斥他，試圖糾正他的行爲，然後男孩就變成了老師所說的那種孩子。爲了獲得他想要的關注，男孩必須付出巨大的代價，但他已經習慣了。在家裡他挨的打已經夠多了，但不良行爲沒有絲毫改變。我們能不能假設，如果學校的懲罰措施相對溫和，他就可以改變既有的行爲方式呢？答案是幾乎不可能。因爲當他從家裡帶著委屈去學校時，他最想要的就是別人的關注，以彌補在家裡的缺失。

父母想改善他的行爲，因此跟他講道理：爲了全班同學都能聽課，每個學生都應該保持安靜。聽到這種老掉牙的勸告，我們忍不住在某種程度上開始懷疑父母的常識。孩子對於什麼是對的行爲，什麼是錯的行爲和成人一樣清清楚楚。但是，這個孩子太關注另外一個問題——他想獲得關注，但保持安靜不會讓任何人關注到他，要透過努力學習獲得關注也不是那麼容易。我們一旦知道了這個孩子給自己設定的任務，對他的行爲就會一目了然。當然，當父親拿著藤條過來的時候他會安靜一會兒。但媽媽說，只要爸爸離開，男孩立馬故態復萌。他只是把鞭打和懲罰看成一種干擾，這只能在短時間內阻礙他，但絕不能長久改變他。

他的性格總是不受約束。

很顯然，想要吸引注意力，兒童必須發脾氣。我們知道，通常所說的性格只不過是一個人完成任務最舒服的節奏，是由目標決定的運動形式。例如：如果一個人想安靜地躺在沙發上，就不會發展出這個兒童這樣的性格。這樣的性格是不能表明一個人內心想法的。在這個案例中，這種想法就是讓自己變得引人注目。

他形成了一個習慣：把家裡各種各樣的東西帶到學校去，用這些東西來換錢，並用這些收入來款待同學。父母發現之後，每天上學前對他進行搜查。他最後終於不再這樣做了，僅僅是開開玩笑、打斷別人等。只有父親的嚴厲懲罰才使他發生了這個改變。

我們能理解他爲什麼開玩笑，他渴望別人注意他，而開玩笑會迫使老師懲罰他，從而顯示自己可以凌駕於學校規則之上。

他試圖打擾別人的行爲慢慢有所減少，但一段時間後又會變本加厲，最終導致他被學校開除。

這印證了我們之前的觀點。這個男孩很努力地想獲得別人的認同，很自然，他遇到了障礙，並意識到了這些障礙。況且，考慮到他是左撇子，我們更能理解他遭受的困難。我們可以推測，雖然他想避免困難，但他總是想方設法找到一些困難，然後又沒有信心來克服它們。但他愈不自信，就愈想證明自己是值得關注的。他一直都在做各種惡作劇，直到學校無法再容忍他，將他開除。公平地說，當學校不能允許搗蛋的學生擾亂其他學生的學習時，除了開除搗蛋學生之外別無他法。然而，如果我們相信教育的目的是爲了改正學生的缺點，開除就不是正確的方法。這使得男孩更容易從媽媽那裡獲得認可，在學校不再努力提升自己。

值得注意的是，在一位老師的建議下，男孩在假期的時候被送去了一個兒童養育院。在那裡他受到了比學校更爲嚴格的監管，但這個試驗也失敗了。他父母仍然是主要的監護人，孩子每個週日回家，他對此非常開心。但是，不允許他回家的時候他也不生氣。這是可以理解的。他想充當了不起的人，也想別人這樣看他，對鞭打他習以爲常，從不允許自己哭泣，也絕不想有失男子氣概，不論事情多麼糟糕都這樣。

他的成績從來都不是太差，他一直有家庭教師輔導。從這裡我們可以推斷出這個男孩不獨立，老師告訴父母，只要他能安靜下來，他就能比現在學得好得多。我們相信這個男孩的學習能力，因爲除了智能不足的兒童，沒有哪個孩子不能學習。

他畫畫沒有天賦。

這一點非常重要，因爲這句話可能表明他還沒有完全克服左撇子導致的笨手笨腳。

他是體育最好的學生之一，他很快就學會了游泳，不害怕危險。

這表明他還沒有完全喪失勇氣，但他只有勇氣做一些無關緊要的事情，因爲他對這些事情有十足的把握，能輕而易舉地完成。

他從來不膽怯。儘管已經被批評和警告多次，但他還對所有人直截了當地說話，不管對方是學校的看門人還是學校校長。

我們知道，當禁止他做這做那的時候，他是完全置之不理的，因此，不能因爲他不膽怯就認爲他很有勇氣。很多兒童都清楚地知道他們與老師和學校管理者之間是有距離的。而這個男孩對於爸爸的鞭打都毫不在乎，自然也就不怕校長。爲了抬高自己的身分，顯示出他的重要性，他說話口無遮攔。事實上，他確實透過這種方式實現了自己的目標。

他對自己性別的看法不是很確定，但經常說他不願意成爲女孩。

沒有明確的事實表明他對自己性別的看法，但我們經常發現，這樣淘氣的男孩有貶低女性的傾向。他們透過貶低女性來獲得一種優越感。

他沒有眞正的朋友。

這很好理解，因爲其他兒童不想總是由他來做領導，被他所控制。

他父母還沒有跟他解釋過性教育方面的事，他的行爲表明他想控制別人。

對於我們要歷經千辛萬苦才能理解的東西，他其實是非常清楚的。也就是說，他很清楚自己想要什麼，但毫無疑問，他不知道這個無意識的目標和自己的行爲之間的關係。他不知道自己爲什麼會有這種強烈的控制欲望及這種欲望會達到何種程度。他想控制別人是因爲他看到父親是如何控制他人的。他愈想控制，其實表明他愈脆弱，因爲他必須依賴別人。而他視為榜樣的父親則是自立的，不必依賴他人。換言之，他的雄心壯志建立於他的脆弱無助之上。

他總想惹是生非，即使面對那些比他強的人也是如此。然而，這些強的人也是更脆弱的人，因為他們很認眞地履行自己的責任和義務。這個男孩只有在魯莽行事的時候才會相信自己。順便提一下的是，要讓他消除魯莽的行為並不容易，因為他不相信自己能學會任何事情，因此，必須以魯莽來隱藏眞實的自己。

他不自私，分享東西非常大方。

如果認為這表明他很善良，我們就很難發現這一點和他其他性格特徵之間的關係。眾所周知，一個人可以透過大方來表明自己的優越性。很重要的一點是，我們要明白大方這個特徵與對權力的渴望是相關的。慷慨大方讓男孩感覺自己高人一等，很有可能他是從父親那裡學到了這種透過慷慨來炫耀自己的方法。

他還是會製造很多麻煩。他最怕的是父親，然後是母親。在任何時候起床他都樂意，也不是特別虛榮。

最後一句說的是外在的虛榮心，因為他內在的虛榮心是特別強的。

他已經改掉了挖鼻孔的老習慣，他是個固執的孩子，對食物非常挑剔，不喜歡蔬菜或肥肉。他並不是完全不能和其他人一起玩，但只喜歡那些任由他控制的孩子；他很喜歡動物和花。

喜歡動物一般表明孩子追求卓越，有控制的欲望。這種喜歡當然不會令人反感，因爲這傾向於把我們和地球上的其他事物看成一個整體。然而，就這些兒童而言，我們發現這往往表達了他們控制的欲望，他們總是想讓媽媽操心更多的事情。

他表現出強烈的領導欲望，當然不是智力方面的領導。他喜歡蒐集東西，但沒有足夠的耐心，從來沒有將某種蒐集堅持到底。

這些人的悲劇在於他們做所有的事情都是半途而廢，因爲完成事情之後會有結果（這個結果有可能是失敗），而他們害怕承擔責任。

總體而言，從十歲開始，他的行爲已經有所改善了。他以前幾乎不可能待在房子裡，因爲他總是想到街上充當英雄好漢。家人費了九牛二虎之力才使他的行爲有所改善。但把他限制在狹小的房間裡實際上剛好滿足了他自我表現的強烈欲望。所以，他在狹小的房間弄出更多惡作劇就不足爲奇了。正確的做法是讓他到街上去，但要有恰當的監管。

他回家後會馬上做作業，並沒有想離開房間出去玩，但他總是千方百計地浪費時間。

當我們把兒童限制在很小的空間，並監督他們學習時，就會發現他們總是分心，浪費時間。兒童應該有機會參加活動，例如和其他同伴一起玩，這樣他就能在同伴中扮演一定的角色。

他以前是很樂意上學的。

這表明那時老師不是很嚴厲，這樣他就比較容易成爲主角和榜樣。以前大部分課本都會被他弄丟。他並不害怕考試，總是相信自己能把每件事情都做得很出色。

在這裡我們發現了一個很普遍的特徵，如果某個人在任何情況下都很樂觀自信，這正好表明他不自信。這些人肯定是悲觀主義者，但他們卻想方設法違背常理，到虛幻的世界去尋求安慰，在那裡他們可以心想事成，得到想要的一切。他們在失敗的時候並不感到意外。他們相信冥冥之中自有命運安排，這種信念使得他們看起來像樂觀主義者。

他的注意力極度不集中。有些老師很喜歡他，但有些老師很討厭他。

總之，似乎是那些溫和的老師更喜歡他的行爲。他對這些老師的干擾也少一些，因爲老師沒有給他分配困難的任務。就像大多數被寵壞的孩子一樣，他既沒有集中注意力的欲望，也沒有這個習慣。在六歲之前他覺得沒有必要集中注意力，因爲媽媽對他的照顧是無微不至的。他生活中的所有事情都事先準備好了，他好像被關在籠子裡一樣。一遇到困難，他就顯得手忙腳亂，毫無準備。他從來沒有學會如何面對困難，對他人沒有興趣，也不可能與他人合作。他既沒有願望，也沒有自信獨立完成事情。他有的只是鶴立雞群的欲望——不經努力就能出人頭地。但是，他擾亂學校的計畫並沒有得逞，他沒有獲得人們的關注，這使得他的性格變得更糟糕。

他總想輕輕鬆鬆就能獲得一切，不考慮他人，以最便捷的方式獲得一切。這已經成爲他生活中最重要的主題，體現在他所有的行爲中，如撒謊和偷竊。

隱藏在這個男孩生活方式中的錯誤是顯然易見的，媽媽肯定在某方面促進了他社會情感的發展，但無論是媽媽還是嚴厲的爸爸都沒有成功地將這些情感導向正確的地方。這些社會情感僅僅侷限於媽媽的世界。有媽媽在，他就覺得自己是關注的中心。

這樣，他追求卓越的欲望不再是導向生活中有意義的事物，而是朝向他個人的虛榮心。爲了把這種欲望轉到生活中有意義的事情上，我們必須重新發展他的人格。首先是使他樹立信心，這樣他就會樂意聽從我們的建議。同時，我們必須拓展他的社交圈，透過這樣的方式來彌補媽媽照顧獨生子導致的不足。另外，他必須和爸爸和好如初。對這個孩子的教育必須一步一步進行，直到他能像我們一樣明白他過去的生活方式中存在的錯誤。如果他不再只將注意力放在一個人身上，他的獨立性和勇氣都會逐漸增加，並把追求卓越的動力導向生活中有價值的事情。

案例二

這是一個十歲男孩的案例。

學校抱怨他的功課很糟糕，已落後同齡的學生三個學期。十歲就落後同儕三個學期，我們都懷疑他是否是智能不足。

他現在是三年級下學期，智商爲一〇一。

因此，他不可能是智能不足。是什麼導致了他的落後呢？他爲什麼要破壞課堂紀律呢？我們看到，他付出了一定程度的努力，也參加了一些活動，但全部都是一些沒有價值的活動。他想成爲具有創造性的、活躍的人，成爲關注的中心，但卻用錯了方法。我們也能看到，他是在與學校對抗，是一個鬥士。他是學校的冤家對頭，因此，我們就能理解他爲什麼會在學業上落後了。要一個與學校對抗的鬥士來遵守學校的規則也太勉爲其難了。

他很不樂意聽從指揮。

這個很好理解。他這樣做是非常聰明的，也就是說，他這種看似不可理喻的行爲實際上是一種策略和方法。如果他是鬥士，當然要抵抗敵人的指揮。

他和其他男孩打架，還把玩具帶到學校去。

他想創立自己的學校。

他的口算（一邊心算，一邊口說的運算）很差。

這表明他缺乏社會情感及與之相關的社會推理。（參考第七章）

他有語言障礙，每週去上一次語言課程。

他的語言障礙並不是由生理缺陷引起的，而是缺乏社會合作的症狀以語言障礙的形式表現出來。語言表明了個體對合作的態度——個體必須把自己和他人聯繫起來。就目前的情況來看，男孩是把語言障礙當成了鬥爭的工具。所以，對於他不去尋求治癒語言障礙我們並不感到奇怪，因爲治癒它就意味著放棄獲得關注的一種手段。

當老師和他說話的時候，他的身體總是左右搖擺。

他好像是在準備一場進攻。他不喜歡聽老師說話，因爲他不是老師關注的中心。如果老師說話他必須要聽，那老師就是勝利者。

媽媽（準確地說是繼母，因爲他的親生母親在他還是嬰兒的時候就過世了）只是抱怨他很神經質。「神經質」這種不甚明瞭的說法可以掩蓋孩子的很多不良行爲。

他是由兩個祖母帶大的。

一個祖母就夠糟糕的了——我們知道，祖母對孩子一般特別溺愛。考察祖母爲什麼會溺愛孩子是很有意義的事情。這是我們文化的錯誤——在我們的文化中老年婦女沒有地位。她們抗議這種待遇，想得到應有的尊重。祖母想要證明自己存在的價值，於是溺愛孩子，使孩子依戀她們。這樣，她們就可以被認爲是很重要的人物了。

如果有兩個祖母，她們之間肯定存在激烈的競爭，這是很好理解的。她們總想證明孩子更喜歡的是自己，而不是另一個祖母。很明顯，這種競爭對孩子非常有利，他發現自己幾乎處於天堂之中，可以得到任何他想要的東西。他只需要說「那個祖母給了我這個」，這個祖母就會給他更好的東西，以擊敗對手。在家裡，這個孩子是關注的中心，我們能明白他是怎麼把獲得這種關注作爲他的目標的。現在，他上學了，學校裡沒有兩個祖母，只有一個老師，很多學生。在這裡他成爲關注中心的唯一方法是和老師對抗。

和祖母一起生活的時候，他在學校的學習成績不好。

學校不適合他，他還沒有準備好。學校是考驗他合作能力的地方，但他從來沒有學習如何合作。母親才是最能促進兒童合作能力發展的人。

一年半以前父親再婚了，男孩開始和父親、繼母生活。很明顯，這是一個很難的處境。繼母或繼父的介入都會產生很多麻煩或使麻煩升級。繼父母的問題由來已久，到目前為止還沒有得到改善，孩子在其中處於特別不利的地位。繼母，即使是最好的那種繼母，一般都會有麻煩。繼父母的問題並不是不能解決，但只有以一定的方式才能解決。繼母和繼父不要期待孩子理所當然應該感激他們，而應該盡力贏得孩子的感激。兩個祖母的存在使得這個情況更加複雜，繼母和孩子之間的問題更難解決。

繼母剛來的時候盡力表現得很親熱，她盡最大努力去贏得男孩的喜歡。男孩的哥哥是另一個問題。

這是家庭中的另一個好戰之人，想想兩兄弟之間可怕的對抗，這只會加劇好鬥的氛圍。

男孩害怕父親，聽從父親的指令，但並不聽從繼母的指令，於是繼母經常到父親那裡告狀。

這其實是繼母承認自己已經無力教育孩子，因此，她把責任推給了爸爸。當繼母總是向父親告發兩兄弟，說他們做了這個，沒做那個，當她用「我會告訴你們的父親」這樣的語言來威脅孩子時，孩子們就知道她對他們已經無計可施了，已經放棄了母親的責任。因此，只要有機會，他們就會對她發號施令，繼母這樣的言行表明了她的自卑情結。

如果男孩答應好好表現，繼母就會帶他出去，給他買東西。

繼母的處境非常困難。爲什麼呢？因爲祖母的存在使她顯得無足輕重，因爲孩子們認爲祖母更重要。

祖母只是偶爾來看看他。

祖母每次只來待幾個小時，但會干涉對孩子的教育，然後把所有的麻煩都留給媽媽。

這個家庭裡似乎沒有一個人是眞正愛孩子的。

似乎所有的家人都不再喜歡他。即使過去對他十分寵溺的祖母也不再喜歡他。

父親會體罰他。

然而，體罰沒有用。孩子喜歡被表揚，受表揚的時候總是全神貫注，但他不知道如何以正確的行爲方式贏得別人的表揚。他更喜歡從老師那裡要表揚，而不是贏得表揚。

如果他受到了表揚，行爲表現就會有所改善。

這對於所有想要成爲關注焦點的兒童都是屢試不爽的。

老師不喜歡他，因爲他總是陰沉著臉，鬱鬱寡歡。

因爲他是一個和學校對抗的人，這是他能使用的最佳武器。

男孩尿床。

這也表明他想成爲關注的中心。他不是直接作戰，而是採取迂迴政策。這樣的孩子怎樣和繼母做迂迴的鬥爭呢？尿床，然後讓她半夜起來；在晚上大喊大叫；在床上讀書不睡覺；早上不起床；形成不良的飲食習慣。總而言之，他總有辦法讓繼母圍著他團團轉，不分日夜。語言障礙和尿床是他用來與環境抗爭的兩個武器。

爲了改正他這個壞習慣，繼母曾試圖在晚上喊醒他幾次。

這樣，繼母有幾個晚上都和他在一起入睡。因此他即使用這種方法也達到了他的目的。

孩子們不喜歡他的原因是他喜歡控制人，有幾個脆弱一點的孩子試圖模仿他。

這個孩子內心脆弱，缺乏勇氣，不想以勇敢的態度繼續前進。那些脆弱的孩子之所以想模仿他是因爲這確實是脆弱的兒童獲得關注的最好途徑。

另一方面，他並不是眞的完全不被人喜歡。「只要他的作品被選爲最好的，其他孩子都非常開心，認爲他進步了。」

當他有進步的時候孩子們非常開心。這也說明老師做得很好，老師眞正懂得如何喚起孩子內心的合作精神。

男孩喜歡到街上和其他孩子玩球。

當他很有把握成功並征服別人的時候，他會和別人來往。

我們和繼母討論了案例，向她解釋她與孩子和祖母處於非常困難的境地。我們也告訴她男孩很嫉妒哥哥，總擔心自己被拋棄。訪談男孩的時候，即使他被告知我們都是他在診所的朋友，他也一言不發。這個男孩說話就表示他願意合作。因爲他想對抗，所以控制自己不說話。這和他拒絕治癒語言障礙一樣，表明他缺乏社會精神。

雖然令人難以置信，但這確實是事實：我們經常發現成人在社會生活中也用這種方式——以沉默來抗爭。曾經有一對夫妻發生了劇烈的爭吵，丈夫對妻子大聲咆哮：「看，你現在沒話說了！」妻子回答：「我不是沒話說，我只是不想說話。」

這個男孩的情況也是如此，「他只是不想說話」。訪談結束後，他被告知可以離開了，但他似乎沒有打算離開。他對我們產生了敵意。我們又告訴他訪談結束了，他可以離開了，他還是沒有離開。然後我們告訴他下週和父親一起來。

同時，我們告訴他：「你這樣做是很正常的，因爲你總是做相反的事情。如果你被告知要說話，你就會保持沉默；在學校你應該保持沉默的時候，你就用說話來擾亂課堂。你認爲自己這樣做很了不起。如果我們告訴你『完全不要講話』，那麼你就會講話。我們只要問你相反的問題就能讓你按照我們的指示行動。」

很明顯，我們是有辦法讓孩子說話的，因爲他會覺得有必要回答問題。這樣，他就會開始透過語言與我們合作。晚些時候再跟他解釋，讓他相信自己的確犯了一些錯誤，這樣慢慢改善他的行爲。

在這一方面，我們必須記住的是，只要孩子處於習慣的環境中，他就不會有改變的動力。繼母、爸爸、祖母、老師、同伴等都是他習以爲常的生活方式的一部分。對於他們的態度已經形成定式。但他來到診所的時候面對的是一個全新的環境。我們甚至盡力使這個新環境盡可能地新——事實上是一個全新的環境。在這個新環境裡，他能更全面地表現出在舊環境裡形成的性格特徵。在這種情況下告訴他「你必須不要說話」是很妙的主意，於是，他就會說「我就要說」。這樣，沒有人直接與他對話，他也就不會特別警惕，特別拘謹。

在診所，兒童一般會在很多人面前講話，這對他們影響極爲深刻。這是一個全新的環境，給人的印象是不但孩子沒有侷限於自己小小的環境，而且其他人對他們也很有興趣，因此，他們成爲更大整體的一部分。所有這些使得他們比以前更樂意成爲集體的一部分，特別是他們被要求再來的時候。他們知道會發生什麼——被提問，問他們感覺怎麼樣等等。根據案例的性質，有些兒童一週來一次，有些每天都來。我們會訓練他們如何對待老師。他們知道自己不會受到指責、訓斥或批評；相反，所有事情的評判似乎都是公開透明的。這一點總是能對人產生深刻的影響。如果一對夫妻吵架，有人爲他們打開一扇窗（傾聽他們的理由），爭吵就會停止，情況就會變得完全不同。當人們的心聲可以透過一扇窗被其他人傾聽時，他們就不想表現出不好的人格品質。這是提升兒童行爲的第一步，這一步在兒童來到診所的時候就已經邁出了。

案例三

這個案例中的孩子十三歲半，是家裡的老大。

他十一歲時測量的智商爲一四〇。

因此，可以說，這是一個相當聰明的孩子。

自從高中第二個學期開始，他幾乎就沒有什麼進步了。

依據我們的經驗，如果兒童認爲自己很聰明，就會期待輕而易舉地獲得一切，而結果是這些孩子經常會止步不前。例如：我們發現這些孩子在青春期的時候感覺自己比實際年齡要成熟很多。他們想要證明自己已經不再是孩子了，他們愈想表達自己，在現實中遇到的困難就愈多。於是他們開始懷疑自己是否如之前自認爲的那樣聰明，我們不建議告訴孩子他很聰明，或他的智商是一四〇，孩子應該永遠不知道自己的智商，父母也不應該知道，所有這些都是爲什麼這麼聰明的孩子後來會失敗的原因。這是非常危險的情況。如果孩子有非凡的抱負，但不知道如何以正確的方式獲得成功，就會透過一些錯誤的方式來實現成功。這些錯誤的方式有：變得神經過敏、自殺、犯罪、懶惰或浪費時間。爲了獲得毫無意義的成功，兒童可以使用無數種藉口和託辭。

他最喜歡的科目是科學，喜歡與比自己小的男孩來往。

眾所周知，兒童和比自己小的孩子玩是爲了做更簡單的事情；或者是爲了成爲優勝者和領導者。雖然兒童喜歡和比自己小的孩子玩並不必然表明這個孩子比較脆弱，有時候孩子是爲了表達自己的父性，但這卻是一個可疑的信號。這表明兒童在某一方面比較脆弱，因爲孩子父性的表達意味著排斥和比自己大的孩子玩，這種排斥是一種有意識的行爲。

喜歡足球和棒球。

我們由此可以推測他很擅長這兩項運動，我們可能會聽到他在某些方面的表現非常優秀，但對有些事情根本不感興趣。這表明他對於自己有把握成功的事情會非常活躍，對於他沒有把握做好的事情會拒絕參與。這當然不是正確的行爲方式。

喜歡玩牌。

這意味著浪費時間。

玩牌使得他沒法專注於早睡和按時完成作業這樣的日常活動。

現在我們開始涉及父母眞正的不滿之處了，這些不滿都集中在同樣的事情上——他無法取得學業上的進步，因此只是在浪費時間。

嬰兒時期他發育緩慢，兩歲之後開始快速發育。

我們不知道爲什麼在前兩年他發育緩慢，也許他被寵壞了，我們現在看到的就是一個被寵壞的孩子。他發育緩慢可能就是由溺愛造成的。我們看到，被溺愛的孩子不想說話，也不想運動或活動，因爲他們喜歡依賴別人，因此，沒有東西刺激他們的發展。他後來發育加快的唯一解釋是有事物刺激了他的發育，也許是很強的刺激，使他發展成了非常聰明的孩子。

他最突出的特徵是誠實和固執。

我們認爲，只是說他誠實是不夠的。誠實當然很好，是很優秀的品質，但我們不確定他是否只是在用誠實來批評別人，這也可能是他自我吹噓的方式。我們知道，他喜歡領導和控制別人，而誠實可能是他追求卓越的表現。我們不能確定，如果這個孩子處於不利的情境時是否還能保持誠實。至於他的固執，我們發現他確實是我行我素，喜歡與眾不同、獨樹一幟，而不是人云亦云。

他恐嚇弟弟。

關於這一點，我們的判斷非常確定。他想成爲領導者，當弟弟不聽從他的指揮的時候，他就恐嚇弟弟。這就不是很誠實了，如果你眞正了解他，就會發現在某種意義上他喜歡撒謊。他喜歡吹噓，感覺自己非常優越。這裡眞正表現的是一種優越情結，但這種優越情結清楚地表明，他在內心深處深受自卑感的折磨。因爲別人高估了他，所以他就低估自己。而因爲他低估了自己，就必須透過吹噓來彌補這一點。過多地表揚孩子是非常不明智的，因爲孩子會認爲別人對他的期望非常高。當他發現要達到別人的期望並不容易時，就會開始憂慮和害怕，結果，他就會調整自己的生活，讓別人無法發現他的脆弱之處。所以，他恐嚇弟弟等等。這就是他的生活方式。他感覺自己沒有足夠的信心以恰當的方式獨立解決生活中的問題。因此，他熱衷於玩牌。當他玩牌的時候，即使他學業成績不好，也沒有人會發現他的不足之處。父母會說，他成績不好是因爲他總是玩牌，這樣他的自尊和虛榮就得到了滿足。他被灌輸了這樣一種觀念：「是的，因爲我喜歡玩牌，所以我不是一個好學生；如果我不玩牌，我就會成爲最好的學生。但是，我玩牌。」他很滿足於這一點，他覺得自己是有可能成爲最好的學生的，這讓他感覺很舒服。只要這個孩子不理解他自己的心理邏輯，他就可以沉溺於自我安慰，並對自己和他人都隱藏起自卑的感覺。因此，我們必須以一種非常友好的方式把他性格的根源告訴他，向他證明他的行爲模式存在問題——只有那些認爲自己不夠強大、沒有能力完成任務的人才會有這樣的行爲模式。只有在隱藏了自己脆弱、自卑的感覺後，他才會感覺到自己是強大的。就如我們剛才所說的，跟孩子解釋這一切的時候態度一定要非常友善，還要不停地鼓勵他們。我們不應該總是表揚他，當著他的面把他的高智商掛在嘴邊，這種不時的提醒可能使他擔心自己能否總是取得成功。我們非常清楚，在將來的生活中，智商不是特別重要的。所有優秀的實驗心理學家都知道，智商只能表明測試中展現的狀況，而生活過於複雜，不可能透過一個測試就能得知答案。高智商並不能證明兒童眞的能解決生活中的所有問題。

男孩眞正的困境在於他沒有社會情感及有自卑情結，我們應該跟他解釋清楚這些。

案例四

這是一個八歲半男孩的案例，這個案例說明兒童是怎麼被寵壞的，罪犯和精神官能症患者主要來自被寵愛的兒童，我們這個時代最需要的是停止對兒童的溺愛。這並不是說我們要停止愛他們，而是說不要縱容他們，我們應該像對待朋友和地位相等的人那樣對他們。這個案例的價值在於它描述了被寵壞的兒童的特徵。

孩子現在的問題是：每個年級都要重讀，現在重讀二年級。一年級重讀的兒童要高度懷疑其是不是智力有問題。在我們的分析中一直都不要忘記這種可能性。但另一方面，如果兒童剛開始很好，後來成績才突然下降的話，基本上可以排除弱智的可能性。

喜歡像嬰兒那樣說話。

他想被寵愛，因此他模仿嬰兒說話。但這意味著他腦海中有一個明確的目的和目標，因爲他認爲像嬰兒一樣做是有利於實現這個目標的。男孩這種理性的、有意識的計畫排除了他智能不足的可能性。因爲他壓根就沒有做好上學的準備，因此，他不喜歡上學。也正因爲這樣，在學校他的社交沒有發展起來，反而透過與環境的對抗來表達自己的能力，這種敵對態度的後果是他每年都要留級。

不聽從哥哥，經常和哥哥發生激烈的爭吵和衝突。

在這裡我們可以看到，哥哥對於他來說是一個障礙。從這裡我們也可以推測哥哥肯定是好學生。男孩要和哥哥競爭，唯一的辦法是變成壞學生。在他的幻想裡，他認爲如果他是嬰兒，就可以超過哥哥。

到一歲十個月的時候他才學會走路。

他可能有軟骨病，如果他直到快兩歲時才會走路，也有可能他總是處於監護之下，媽媽在這段時間裡一直跟他在一起，軟骨病這一生理缺陷促使媽媽對他關注更多、寵愛更多。

他說話很早。

現在我們可以確定他不是弱智，弱智的孩子學說話通常很困難。

他總是像嬰兒那樣說話，他的爸爸非常慈愛。

這說明爸爸也很寵愛他。

他更喜歡媽媽，家裡有兩個男孩，媽媽說哥哥很聰明。兩個男孩經常打架。

這是家裡孩子之間競爭的案例。這種競爭在大部分家庭都存在，家裡的老大和老二之間尤爲明顯，但其實任何兩個一起長大的孩子之間都存在競爭。這種情況的心理是這樣的：當第二個孩子出生的時候，第一個孩子一般就不再那麼受關注，我們已經討論過（參見第八章），只有使孩子做好充分的合作準備，這種情況才可能避免。

他數學很差。

對於被寵壞的孩子來說，在學校最難的科目通常是數學，因爲數學涉及一些社會的邏輯，而這些孩子缺乏這樣的邏輯。

他腦袋肯定有點問題。

我們沒有發現這一點。他很聰明。

媽媽和老師認爲他會手淫。

這有可能，大多數孩子都手淫。

媽媽說他有黑眼圈。

雖然人們一般懷疑黑眼圈和手淫有關，但我們不能從黑眼圈就推斷他肯定手淫。

他對吃的東西非常挑剔。

我們可以看到他多麼想一直得到媽媽的關注，即使在吃東西方面也是如此。

他害怕黑暗。

害怕黑暗也是被溺愛兒童的特徵之一。

孩子媽媽說他有很多朋友。

我們相信這些朋友都是他能控制的。

他很喜歡音樂。

我們建議檢查喜歡音樂的人的外耳，他們的耳朵曲線一般發展得更好。檢查這個孩子的耳朵後，我們肯定他聽力很好，對聲音很敏感。這種敏感導致他對和聲的喜愛，具有這種敏感性的人學習音樂的能力更強。

他喜歡唱歌，但他有耳疾。

這些人通常無法忍受吵鬧的生活，他們耳朵感染的可能性比其他人要高。聽力器官的結構是遺傳的，這也是爲什麼音樂天賦和耳疾都會遺傳。這個孩子患有耳疾，在他的家族裡有很多具有音樂天賦的人。

對這個男孩正確的治療方法是使他變得更獨立、更自立。目前他是不自立的，他認爲他必須要有媽媽的關注，永遠不想獨處。他總是期待媽媽的關注，而媽媽當然樂意這樣做。現在應該給他自由了，讓他做任何他想做的事情，包括給他犯錯誤的自由。因爲只有這樣他才能學會自立。他還必須學會不要和哥哥競爭媽媽的愛。現在，兩兄弟都感覺媽媽更喜歡對方，因此彼此產生嫉妒之情，而這完全沒有必要。

要使男孩有足夠的勇氣面對學校的問題，這一點特別重要。設想一下如果他不繼續上學的話會發生什麼：他一離開學校，就會轉向那些毫無意義的事情。總有一天他會蹺課，然後完全不上學，從家裡消失，加入幫派。防患於未然勝過亡羊補牢，現在幫助孩子適應學校生活比將來應付一個少年犯要好得多。現在學校是關鍵，他現在還不知道如何以社會方式來解決問題，這也是他爲什麼難以適應學校的原因。但只有學校能給孩子新的勇氣。當然學校也有自己的問題，也許班級人數太多，也許他遇到的老師不擅長這種心理鼓勵的工作，這正是可悲的地方。但是，如果這個男孩能找到一個老師對他進行恰當的支持和鼓勵，那麼這個孩子就可以得到拯救。

案例五

一個十歲女孩的經歷。

因爲在數學和拼寫方面存在困難，女孩被從學校帶到診所。

數學對於被寵壞的兒童而言通常很困難，這並不是說被寵壞的兒童數學必然很差，但根據我們的經驗，情況通常是這樣。我們知道，左撇子的兒童經常存在拼寫方面的困難，因爲他們的閱讀習慣是從右到左，而接受的訓練是從左到右。他們的讀法和拼寫都是正確的，但方向相反。一般來說，沒有人知道他們的讀法是正確的，只是方向錯了。人們只知道他們不能閱讀，只是簡單地說他們不能正確地閱讀和拼寫。因此，我們懷疑這個女孩是左撇子。導致她拼讀困難的也許還有另外一個原因——在紐約，我們必須考慮這個孩子有可能來自其他國家，因此，她對英語的理解能力不是很強。在歐洲我們就不一定要考慮這個原因。

家庭經歷的重大事件：在德國，家裡失去了大部分的財產。

我們不知道她是什麼時候從德國來的。她可能曾經過著優越的生活，這種生活突然就結束了。這是一個新的情境，就像一次測試一樣。這個新的情境會顯示她是否學會了合作，是否適應社會，是否有足夠的勇氣，也會揭示她是否能承受貧窮帶來的困境，也就是說，她是否能合作，但她似乎不是很會合作。

她在德國的時候是好學生，八歲的時候離開了德國。

這是兩年以前。

因爲她拼寫存在困難，而這裡的數學教學方式也和德國不同，因此，她在學校的表現不是很好。

老師不會總是允許這種情況發生。

媽媽非常寵愛她，她也非常依戀媽媽，她同樣喜歡爸爸和媽媽。如果你問孩子：「你更喜歡媽媽還是爸爸？」他們通常會回答說：「我一樣喜歡他們。」是大人教會了他們這樣回答。我們有很多方法來檢測這個回答的眞實性。很好的一個方法是：讓孩子站在爸爸和媽媽的中間，當我們和父母說話的時候孩子就會移向他最喜歡的那個人那一邊。當孩子走進父母在房間的時候也能看到同樣的情況，他會走向那個他最喜歡的人。

她有幾個和她同齡的同性朋友，但不多。最早的記憶：八歲的時候和父母在鄉下，經常和狗在草地上玩，那時他們還有一輛四輪馬車。

她記得她曾經優越的生活，草地、狗和馬車。這和一個曾經很富有的男人總是想起他曾經的歲月相似，那時他有車、有馬、有豪華別墅和傭人等。可以理解的是，她不是很滿足於現狀。

會做有關耶誕節的夢，夢見聖誕老人會送給她禮物。

她夢裡的生活表達了和她清醒狀態下一樣的期望，她總想擁有更多，因爲她覺得自己被剝奪了一些東西，想重新獲得她過去曾經擁有的。

喜歡靠著媽媽。

這表明她缺乏信心，在學校遇到了困難。我們跟她解釋：她面對的問題比其孩子的難度更大，透過更多的學習和更大的勇氣，她是能面對這些問題的。

她單獨一個人來到了診所，媽媽沒有陪伴。在學校她有了一點進步，在家裡能獨立完成所有事情了。

我們建議她學會獨立，不要依賴媽媽，單獨去做所有的事情。

她爲父親做了早餐。

這表明她開始學著合作了。

她相信自己比以前更勇敢了，在這次訪談中看起來也更加自在。

她被要求和媽媽一起回到診所。

她和媽媽一起回到了診所，媽媽是第一次來。媽媽工作非常忙，以前都沒有抽出時間過來。她說這個孩子是在兩歲的時候被領養的，孩子並不知道自己的身世，在兩歲之前她被六個不同的家庭收養過。

這樣的過去不是很令人舒服，這個女孩似乎在兩歲之前吃了很多苦。因此，我們面對的這個孩子可能曾經被人討厭和忽略，然後得到了現在的媽媽的精心照顧。因爲對於早期經歷的無意識印象，她很想緊緊抓住當前這種有利的處境。兩年足以給孩子留下深刻的印記。

當媽媽領養她的時候，別人告訴她她必須非常嚴格，因爲這個孩子的家庭出身不是太好。

這個給建議的人深受遺傳觀念的毒害。如果媽媽眞的很嚴格，這個女孩就會成爲一個問題兒童，然後法官（給建議的人）就會說：「看看，我說的沒錯吧！」他都不知道其實他自己也應當爲此負責任。

孩子的生母不好，養母感到她對女孩的責任更加重大，因爲她不是自己的孩子。她有時候會打孩子。

但情況似乎不如以前了，有時候媽媽不是寵愛她，而是懲罰她。

爸爸很寵愛孩子，對她有求必應。如果她想要什麼，她不會說「請」或「謝謝」，而是說「你不是我媽媽」。

孩子要麼知道她被領養的事實，要麼一語中的。我們認識一個二十歲的男孩，他不相信他是媽媽親生的，但他父母發誓他不知道這個事實。很明顯，他感覺到了。兒童從很細微的地方就能形成結論。「孩子不知道自己是被領養的」，但有時候他們感覺到了。

她只對媽媽說這句話，不對爸爸說。

因爲爸爸對她有求必應，她根本沒有必要說。

媽媽不能理解她在新學校的變化。女孩現在的成績很差，媽媽不得不揍她。

可憐的孩子拿到了一份很差的成績單，她覺得很丟臉，感覺自己很差勁，然後媽媽還打了她——這太讓人難以承受了。其中的任何一項，無論是被打還是很差的成績單都已經夠讓人受的了。老師應該考慮這件事情，應該意識到他們讓孩子把差的成績單帶回家往往會導致孩子在家裡遭受更多的麻煩。如果知道差的成績單會讓媽媽打孩子，明智的老師是不會讓孩子把差的成績單帶回家的。

女孩說她有時候無法控制自己，會突然大發脾氣，在學校的時候她非常好動，經常擾亂課堂，她認爲自己必須總是要得第一名。

她是家裡唯一的孩子，父親對她有求必應，她總是渴望成爲第一名是可以理解的。我們能理解她爲什麼喜歡成爲第一名。我們知道，她曾經擁有鄉下的土地等，她感覺自己過去的好東西被剝奪了。因此，現在她追求卓越的欲望更爲強烈，但因爲她不知道如何實現自己的欲望，於是忘乎所以，製造麻煩。

我們告訴她，她必須學會合作。她動個不停是爲了成爲關注的中心，她大發脾氣只不過是想讓所有人都關注她。因爲媽媽對她成績差這件事感到非常生氣，所以她就不考出好成績，她在和媽媽對抗。

她夢到聖誕老人送給她很多禮物，她醒來後發現什麼也沒有。這表明她又想喚起那種先擁有她想要的一切，但「醒來後發現什麼也沒有」的感覺和情感。我們不能忽略這其中隱含的危險。如果在夢裡喚起得到了一切的感覺和情感，醒來發現什麼也沒有，自然會感到非常失望。然而，夢只是喚起了與清醒狀態下態度一致的感覺。換句話說，夢裡的情感目標並不是喚起擁有一切的絕妙感覺，準確地說，其情感目標是使自己失望。正因爲這樣的目標，夢一直會做到目標的實現，即產生失望的情緒。有憂鬱症的人經常做非常奇妙的夢，但醒來後發現現實是相反的。我們能理解女孩爲什麼想要失望，因爲現在的生活對於她來說是暗淡無光的，她想要譴責媽媽，她覺得自己一無所有，媽媽沒有給她任何東西。「她打我，只有父親才會給我東西。」

總而言之，這個孩子之所以總是感到失望，是因爲這樣她就有理由譴責媽媽。她是在與媽媽對抗。如果我們想讓她停止這種對抗，就必須讓她相信：她在家裡、夢裡和學校的行爲都是同樣錯誤的行爲模式。這種錯誤的行爲模式很大因素是因爲她到美國的時間不長，英語程度還不是很好。我們必須讓她相信，這些困難都可以輕鬆地克服，但現在她是故意把這些困難當成武器來與媽媽對抗。我們必須也要影響媽媽，讓她不要再打孩子。我們必須讓孩子意識到「我不專注、無法控制自己、大發脾氣都是因爲我想找媽媽的麻煩」。一旦她知道這一點，就會停止這些不良行爲。在了解所有她在家裡、學校和夢裡的這些經歷和感想的眞正意義之前，要讓她改變性格當然是完全不可能的。

因此，我們知道了心理學是什麼，心理學是理解個體如何利用自身經歷和感想的科學。或者，也可以說，心理學意味著理解兒童的行爲和對刺激作出反應的知覺模式，理解個體是如何看待某些刺激，對刺激作出反應及如何利用這些刺激來達到自己的目的。

阿爾弗雷德・阿德勒年表

年代	生平記事
一八七〇年	二月七日出生於奧地利的維也納。
一八九五年	獲得維也納大學醫學院博士學位，一開始是內科與眼科醫生，後來慢慢關注神經學和精神病學。
一八九九年	受精神病理學權威佛洛伊德邀請，成為當時精神病理學分析的核心成員之一。
一九一〇年	擔任維也納精神分析學會主席一職。
一九一一年	在威瑪精神分析會上，公然對當時的精神病理學權威佛洛伊德的理論提出不同意見，隨後離開了維也納精神分析學會，創建了個體心理學派，並組建自由精神分析研究會。
一九一二年	自由精神分析研究會更名為個體心理學會，並完成重要著作《神經症的性格》。
一九一四年	創辦《國際個體心理學雜誌》，後第一次世界大戰爆發，阿德勒入營擔任軍醫。
一九一七年	《器官缺陷及心理補償的研究》出版。
一九一八年	《理解人類本性》出版。
一九一九年	《個體心理學的實踐與理論》出版。
一九二〇年	任教於維也納教育學院，並在學校系統中組織兒童指導臨床活動。
一九二一年	開始到美國遊歷演講。
一九二五年	開始在維也納及德國許多地方先後創立了三十幾所兒童諮詢中心。

一九二七年	成為美國哥倫比亞大學客座教授，教授兒童心理學；《生活的科學》出版。
一九三〇年	《兒童成長心理學》出版。
一九三二年	在美國長島醫學院擔任美國醫學心理學的第一講師；《自卑與超越》、《神經症問題》出版。
一九三四年	定居美國紐約。
一九三七年	赴蘇格蘭阿伯丁做旅行講演時因突發性心臟病逝世，享年六十七歲。

經典名著文庫 084

兒童成長心理學

兒童的人格形成及其培養

作　　者 —— 阿爾弗雷德・阿德勒（Alfred Adler）
譯　　者 —— 劉建金
發 行 人 —— 楊榮川
總 經 理 —— 楊士清
總 編 輯 —— 楊秀麗
文庫策劃 —— 楊榮川
副總編輯 —— 王俐文
責任編輯 —— 金明芬
封面設計 —— 姚孝慈
著者繪像 —— 莊河源
出 版 者 —— 五南圖書出版股份有限公司
地　　址 —— 臺北市大安區 106 和平東路二段 339 號 4 樓
電　　話 —— 02-27055066（代表號）
傳　　真 —— 02-27066100
劃撥帳號 —— 01068953
戶　　名 —— 五南圖書出版股份有限公司
網　　址 —— https://www.wunan.com.tw
電子郵件 —— wunan@wunan.com.tw
法律顧問 —— 林勝安律師
出版日期 —— 2019 年 6 月初版一刷
2024 年 5 月初版三刷
定　　價 —— 320 元

國家圖書館出版品預行編目資料

兒童成長心理學 / 阿爾弗雷德 ·阿德勒(Alfred Adler)著，劉建金譯 . -- 初版 . -- 臺北市： 五南圖書出版股份有限公司，2019.06
面；公分
譯自：The children's personality formation and cultivation
ISBN 978-957-763-414-6（平裝）

1. 兒童心理學

173.1　　108006763